鲍国安 口述

朱兵 整理

艺海情怀

好人伴我一生

中国戏剧出版社
CHINA THEATRE PRESS

图书在版编目（CIP）数据

艺海情怀：好人伴我一生 / 鲍国安口述；朱兵整理. -- 北京：中国戏剧出版社，2023.6
ISBN 978-7-104-05336-1

Ⅰ. ①艺… Ⅱ. ①鲍… ②朱… Ⅲ. ①鲍国安－回忆录 Ⅳ. ①K825.78

中国国家版本馆CIP数据核字(2023)第065366号

艺海情怀：好人伴我一生

责任编辑：赵宇欣
责任印制：冯志强

出版发行	中国戏剧出版社
出 版 人	樊国宾
社　　址	北京市西城区天宁寺前街2号国家音乐产业基地L座
邮　　编	100055
网　　址	www.theatrebook.cn
电　　话	010-63385980（总编室）010-63381560（发行部）
传　　真	010-63381560

读者服务：010-63381560
邮购地址：北京市西城区天宁寺前街2号国家音乐产业基地L座

印　　刷	湖北金港彩印有限公司
开　　本	880mm×1230mm　1/32
印　　张	8.75
字　　数	154千字
版　　次	2023年6月　北京第1版第1次印刷
书　　号	ISBN 978-7-104-05336-1
定　　价	98.00元

版权专有，违者必究；如有质量问题，请与出版社联系调换

谨以此书

记录所有
有恩于我的
地方和人们……
并与朋友们分享我经历中的
人性的美好

目录

001 | 一、步入殿堂

043 | 二、边疆之行

076 | 三、借道河南

101 | 四、大学生活

130 | 五、塑造"奸雄"

168 | 六、再塑英雄

194 | 七、一九九七年后

237 | 附：人物创作笔记三篇

237 | 一次艰难的创作

256 | 我演曹操

268 | 面对林则徐

YIHAI QINGHUAI

如果按照中国传统"虚两岁"的说法,我和老伴今年都七十九岁了。再按照传统"过九不过十"的说法,我和老伴今年都应过八十寿诞了。真是人生苦短,转眼就是百年啊!

回想起来,我的一生应该说是演艺的一生,同时还带有些许传奇性……

一、步入殿堂

回忆起从事了六十多年的文艺工作,许多人的身影还不由自主地浮现在我的脑海里。他们有的是我的同学,有的是我不同阶段的恩师,有的是我的好友,当然其中也包括我的一些亲人。再有就是那些曾经给过我一两句忠告但我现在又难以说出他们的姓名却让我受益终身的人。

鲍国安一周岁

我家祖辈和亲戚之中至今唯我一个做演员的,父系家族中在中华人民共和国成立前多以种田和做小生意为生。20世纪二三十年代胶东有不少人闯关东,我的爷爷就曾在符拉迪沃斯托克(海参崴)俄国人

艺海情怀——好人伴我一生

母亲韩昕晖

的船上当伙夫，说得一口流利的俄语。我的父亲十六岁就到了哈尔滨同乡的厂里当学徒，如果不是因为后来一个偶然的机会他娶了一位北京四合院里的落魄小姐——也就是我的母亲，我与文艺结缘的概率可能就微乎其微了。

晚年的母亲，由于一只眼睛失明，整日戴着一副茶色眼镜。可是你如果看一看她年轻时的照片，那神情与气质绝不亚于当年的阮玲玉。我母亲年轻的时候爱看书、爱看戏，结婚以后除了相夫教子之外，这就是她最大的两个嗜好了。我小的时候跟着她看了不少戏，她最爱看的剧种是京剧、评剧和越剧，于是这也成了我至今最偏爱的三个剧种。而母亲不多的藏书成了我文学的启蒙老师：左拉这个名字大约在我五岁的时候就印在脑海里了；矛盾、巴金的小说也被我翻来翻去地胡看八看。那时候没有电视，晚上睡觉之前的时间只能在灯光下消磨。回想起来这些书的内

一、步入殿堂

容当时我不可能真正地读懂，但潜移默化的作用总是有的。从小学到中学，我的作文总是被老师当作范文在课堂上朗读。应该说母亲的两大嗜好给予了我终生的影响。

而我对电影的痴迷要追溯到小学一年级。我所在的小学是天津一所极为著名的学校——耀华学校。学校包括小学和中学，地处中华人民共和国成立初期天津的"富人"区。记得当时很多同学都是被黄包车送来再接走，我去过的一些同学家里大部分都有钢琴。记得我去过一个叫陈克温的同学的家，他们家的建筑格局几乎就和话剧《雷雨》中周朴园家的布景格局差不多。而这时我的家只能维持在一般的温饱水平，在当时的班集体里属于贫下中农。

这期间对我影响最大的一位同学叫王矛。他们家里也有

与儿时同学王矛夫妇

钢琴，他本人口才也非常好。（这里先顺带一个小插曲：他的父亲和我的父亲虽先后病逝在南北两地，却巧合地葬在了北京的同一个公墓，成了地下邻居。）

几十年后，当他作为一名歌舞剧院钢琴演奏家与我巧遇重逢时，我发现他绘声绘色讲故事的能力更强了。

在小学期间，每个星期一早晨上课铃打响之前，以王矛为中心的几位男同学就会围着讲台，在那里口沫横飞、手舞足蹈地大侃特侃星期天刚刚看过的电影，时不时地还要扮作电影中的不同人物模仿着表演上一段，自娱自乐好不痛快。直至上课铃声响起，才余兴未尽地回到各自的课桌前。在那群同学中王矛是我当时最崇拜的，这也就是为什么十几年后我们巧遇重逢时，我很快就能认出他来。他那种绘声绘色的表达能力再加上略带沙哑的喉咙，真让我难以忘记。

正是受王矛等同学的影响，为了能和他们搭上话，也为了能和他们"平起平坐"，每个星期天我也开始看电影了。

没有钱买票怎么办？我只能开始"缩食"。

我从上小学开始，午饭都是固定在天津南京路大教堂前的一家小餐馆里吃烩饼。所谓烩饼，就是把烙好的大饼切成丝用水煮一煮加上点菜叶和调料而已，当时的价格大约是一角二分钱。这种午餐我一直吃到小学毕业。原因是

一、步入殿堂

我的父母那时都工作,早出晚归无暇顾及,所以给我来了个定点包饭。饭费由他们每月和小饭馆单独结算,这钱不经我的手,我要想"缩食",只能在早点的五分钱里"做手脚"。那时父母每天只给五分钱,这五分钱说不清是早点钱还是零花钱。在我没"缩食"之前,往往是早晨从家里揣着一个凉馒头或凉窝头在街边就着二分钱的热豆浆或豆腐脑;余下的三分钱夏天可以吃一根冰棍,冬天可以吃一小包花生米或其他什么零食。在为了争得周一早晨上课之前的话语权而决定"缩食"之后,我的早点就是干啃一个冷馒头或冷窝头了。一周节省下来的三毛钱,可以让我周日在劝业场一带看上两场电影。有日本的《暗无天日》、苏联的《夏伯阳》、国产的《平原游击队》,等等。这样一来每到周日的晚上,躺在床上的我都会激动不已。周一的早晨我都会起得格外早,兴奋地赶到学校,投身于一场精彩绝伦的"电影回顾展"之中。

电影是能让人上瘾的。从开始为争"尊严"、为争"话语权"而看电影,到后来的每周日不进电影院就魂不守舍,以至于若干年后把自己"发配"到新疆去放电影。再后来索性演起了电影,真应该感谢少年时代与我同龄的那几位电影"启蒙者"。

不久前我还与王矛通过电话,他那副沙哑的嗓子更沙哑了,但热情不减当年。小学毕业之后他就考取了中央音乐学院附中的钢琴专业，他于2004年先后在武汉、北京创办了"王矛钢琴"学校。

在我小学三四年级的时候，家庭生活的一个偶然变化，使我对艺术的涉猎更加广泛。当时我的母亲带着我的弟弟妹妹投奔外地远亲，我一个人在天津寄宿在父亲的朋友家。那段时间一日三餐给我五毛钱，全部自理，这一下我可就海阔天空了。那时我寄宿的地方离天津的"三不管"（相当于北京的天桥）很近，隔壁是著名相声演员"小蘑菇"（常宝堃）的搭档赵佩茹的家。当时常见到高英培等年轻相声演员出入他家，几十年后才知道，高英培是赵佩茹的徒弟。

不记得是胡同儿里的哪位大哥曾带我去了一次"三不管"，让我一下子就对那个地方着了迷。

由于我寄宿的人家对我疏于"管教"，相当长的一段时间我下午放学之后，到晚上九点之前都是在"三不管"那里度过的。那真是一个奇妙的世界，相声、评书、北方越剧、评剧、曲艺、杂技等，门类繁多。在那不足一平方千米的地盘上，你可以根据自己的兴趣以及演出的质量随意转换场地，因它收费是以观看十分钟收二分钱为标准。当时我真是到了如痴如醉的地步，不仅在"三不管"看，有时周日除了在劝业场一带看电影外，晚上也会买一张后排的票到剧场里看评剧、京剧、河北梆子、越剧；听小彩舞的京韵大鼓、常家的相声、石慧儒的单弦、王毓宝的天津时调，

一、步入殿堂

等等。那时候我还不到十岁,这样天马行空的日子过了有半年多。后来与爱人回忆起这段生活时,常暗自庆幸:一是那时社会治安比较好,一个没人管的半大孩子,天黑了还在外面野来野去没出什么意外;二是由于少年痴迷于"艺术",没被坏人引诱教唆走上歪门邪道。

在这一段生活中,没有母爱也没有父爱,唯一让我感到一丝温暖的是每天晚上我回到寄宿的人家,有一位七十多岁的老爷爷陪我睡在一张床上,他是男主人的父亲。他有着一副非常慈祥的面容,我努力地把他想象成我的亲人,以排遣老鼠给我带来的恐惧。这一家的老鼠特别多,夜里常常会爬到我的脸上,咬我的鼻子和耳朵,让我在睡梦中惊醒。这时候那位老爷爷会拉开灯呵斥老鼠,安慰我几句。这样一段同床情谊在我的记忆里难以磨灭。

半年多之后,当我到火车站去接久别的母亲和弟弟妹妹时,母亲一见到我,眼泪夺眶而下,原因是她看我瘦得不成样子了。而我当然不敢告诉她,我把每天的五毛钱伙食费大多挥霍到"三不管"和剧场里去了。为了提高我的身体素质,母亲还强制我拜了一位师父练了一段时间太极拳。但是母亲后来很快就发现了我消瘦的原因,她从我那些脏旧的衣服里发现了许多电影票和戏票,于是我受到了母亲怜爱的呵斥。

我在小学阶段算不上是一个品学兼优的好学生,但有

艺海情怀——好人伴我一生

两位老师却对我格外青睐：一位是教语文的王老师，另一位是教音乐的魏老师。也许是母亲那不多的藏书，使我在童年就吸收了一点中外古典名著的文学营养，加之自幼随母亲在剧场里受到的熏陶，增添了对电影、曲艺的兴趣，使我从小学一二年级开始就成了班上作文的佼佼者。王老师经常将我的作文拿到课堂上朗读和点评。此外，可能是由于我们班口才最好的王矛同学声音有些沙哑，使我有机会被王老师指定为代表，作为我们班在全校大会上的"代言人"，朗读一些决心书、挑战书之类的东西。我成人以后，经常听到别人夸赞我的声音有磁性，可在那小小年纪的时候声音是否也有磁性，如今已无法考证了。写到这里就不得不提到我的第二位恩师——魏老师。

魏老师是音乐老师，而我当时对音乐和唱歌都没有多大兴趣，比起那些家里有钢琴的、会拉小提琴的同学，我可以说是一个乐盲。但是魏老师却偏偏带着我一个人去参加区里的唱歌比赛，结果是我居然力压群芳地得了第一名。我当时唱的是一首苏联电影插曲《猎人之歌》，这是魏老师单独给我开了五六次小灶的结果。以后他又把我举荐到天津少年之家合唱团，成了一名合唱团团员，参加过不少次的业余演出。

由于魏老师的引导，我似乎又对音乐产生了兴趣。于是我向母亲提出学习小提琴或二胡的要求，母亲还真带着我去劝业场私人教授小提琴和二胡的老师那里进行了咨询。鉴于学费和购买乐器的费用比较昂贵，最终不了了之。于是我把"膨胀"起来的音乐兴趣寄托在了一根小小的竹笛上，我记得好像当时是花了五毛钱买了一根极为普通的竹笛。我那时完全是"自学成才"，自己摸索着吹出了哆、来、咪、发、唆、拉、西几个音。那一阵子竹笛成了我最亲密的伙伴，夜里我经常会一个人跑到墙子河边去吹一通。这根笛子对我最大的贡献是让我有资格参加了学校的小乐队，在1958年"大跃进"的时候我经常随着上街游行的队伍吹奏一首叫《社会主义好》的曲子。

1958年恰是我要由小学转入中学的阶段，在放暑假之前我鬼使神差地跟着王矛等几位自幼受着音乐熏陶的、家里有钢琴的同学去报考中央音乐学院附中（当时中央音乐学院本部在天津）。报名处的老师听说我要报名"学唱歌"，就告诉我要等变声以后才能报考。从此我就离开了王老师和魏老师的呵护，告别了王矛这些小伙伴，于1958年9月1日进入我短暂的中学阶段。

在耀华小学期间，还有一项有关体育运动的爱好是不能不提及的。耀华小学与耀华中学合起来称为耀华学校，在校区内拥有一座漂亮的礼堂和一座设备完善的体育场。我曾站在那座礼堂的舞台上代表班集体朗读过决心书，这应该算是我"登台"的最早记录。而在那座体育场的足球

艺海情怀——好人伴我一生

场地上,足球成为我少年时代最喜爱的运动,为此我还从"缩食"的钱里买过一个小足球,放学后在胡同里和邻居的孩子们踢野球。我至今算不上是一个球迷,但每当有国内国外重大的足球赛事时,我都要通过电视屏幕来过过眼瘾,《足球报》也成为我最爱阅读的报纸之一。

进入天津市第61中学以后,我生活中的最大变化是不再吃"烩饼"了,因为学校里有食堂,所以又有了省吃俭用去看戏的余地。写到这里我想要说的是,那个年代一般的家庭都会有两个以上的孩子,所以对孩子不娇惯。再有就是父母都工作,不仅晚上要加班,星期天也要加班,因为父母除了工作还要参加各类名目繁多的活动。在我的记忆中每天早晨父母还未起床,我已背着书包去学校上学了(学校离家较远),晚上睡着了父母都还未下班。在我的少年时代,母亲还好,父亲几乎没有给我留下什么印象。这样虽然带来了弊端,却也给孩子提供了充分的自由,得以张扬自己的个性和天性。再加之那时的课外作业不多,每个孩子都有充分的业余时间去形成自己的兴趣爱好。这些爱好完全是出于孩子自己的兴趣天然形成的,不像现在靠父母的主观意志和大量金钱的堆砌。从另一个角度人们可能会说家庭教育不够严格,孩子容易走上邪路,而我们兄妹四人(我、国明、国城、国忠),至今虽然专业不同,却都是在勤勤恳恳地做事、本本分分地做人,没出过什么事。

一、步入殿堂

进入了中学以后，我不仅看戏、看电影的兴趣不减，居然还有了上台过把瘾的机会。那是一次偶然的机会，在学校的联欢会上我和同班的一位姓郭的同学，把从"三不管"听来的相声上去学说了一段，不想这一来我俩居然成了第61中学的小明星。尤其对我感兴趣的是高中部社团话剧团的大哥哥、大姐姐们，其中具体找到我的是一位高二姓张的男生，他可以说是我进入表演领域的引路人。他们当时正在排演根据小说《林海雪原》改编的话剧，让我在里面扮演了我一生中第一个戏剧形象——剿匪小战士。记得当时整个暑假都在排这个戏，我干脆从家里拿了一个凉席和一床被子，晚上就睡在课桌上，每天跟在高中同学的屁股后面跑来跑去，觉得很幸福。就这样很快进入初中二年级。

没想到初二只上了一个学期，就彻底告别了我的学生时代。

那是初二寒假前期末考试的一天，当我交上试卷之后，老师通知我到教导处去一趟。我当时心里还真有点忐忑，不知出了什么事。当我走进教导处的时候，里边已经稀稀拉拉地站着几个其他班的男女同学。过了十几分钟，进来了一位老师，告诉我们天津人民艺术剧院（简称"天津人艺"）要成立一个儿童剧团，在座的这些同学可以去报考。这时我才突然想起刚才在课堂上考试时，有两位气质和我们老师不一样的女同志,在我们的课堂上转了几圈,大概就是他们相中了我吧!因为我小时候属于浓眉大眼、虎头虎脑这一类,容易给别人留下印象。

当时不知是出于什么想法,我并没有把这一情况告知父母,自己一个人跑到了天津八里台平山道天津人民艺术剧院所在地参加初试,那时我的年龄是十三岁半。记得当时我唱了一首歌,朗读了几句课文。几天之后看榜的时候,上面没有我的考号。不知是什么原因,我连初试都没有通过,可以说这是我一生中遭受的最大一次打击。其实我原本并没有想过要终身从事表演事业,只是喜爱而已,但是经过这样一次突然的"事故",我好像被别人举到了天上,又重重地摔到了地下,弄得我痛不欲生。

母亲大概突然发现我魂不守舍、郁郁寡欢,就问我是不是生病了。我一下子泪如泉涌、泣不成声,那一刻真把母亲吓坏了。因为我自幼属于那种有泪不轻弹的男子汉,突然的失态让母亲认为一定是出了什么大事。在母亲的一再追问下,我才道出了实情。母亲当时只是安慰了我几句,没多说什么。两天之后母亲告诉我:"明天上午我陪你到天津人民艺术剧院去,再参加一次考试。昨天我去跟他们说好了,他们同意再看看你。别难过了,今天晚上早点睡。"后来我才知道,母亲看我失魂落魄的样子非常心疼,就请了半天假跑到天津人艺找到了当时筹建儿童剧团的负责老师

一、步入殿堂

尹舒坤，述说了一番她的儿子多么喜爱文艺，多么有天赋，长得多么可爱，初试落榜后是多么的痛苦，等等，赢得了尹舒坤老师的同情，同意再看看我。母亲的这个行为是我没有想到的。原本我没有告诉父母是怕他们不同意我初中辍学去学什么演戏，现在母亲这样做，我当时的理解是"妈妈心疼我了"。多少年之后我才渐渐理解了母亲另一层心意，因为她也是一个"文艺爱好者"。

我见过母亲年轻时的照片，那绝对算得上是一个漂亮女人。而且我也见过她刻得一手漂亮的钢板字，因为母亲曾经有一段时间，用为学校刻写讲义挣来的钱补贴家用。母亲曾做过护士、图书馆的工作人员。据她讲，结婚之前经常骑着自行车去香山、颐和园，在当时来讲可算得上是一位新时代的女性。只是由于她父亲早丧，母亲与姥姥孤儿寡母寄人篱下，生活在北京东城一个落魄四合院的朋友家。这位朋友家的女主人是个戏迷，看戏时经常带着我母亲。我母亲大约在二十二岁的时候，按照媒妁之言、母亲之命嫁给了我父亲。

我的父亲祖籍山东掖县，十六岁"闯关东"到了哈尔滨当学徒。他在一位老乡办的厂子里学做橡胶，后来随着工厂的迁徙在中华人民共和国成立前夕又进关落在了天津。所以母亲是从北京嫁到天津，我自然就出生在了天津。

艺海情怀 ——好人伴我一生

与父母重返老家掖县婴里村

父亲少年时代大概是仰仗着我爷爷在东北"闯关东"挣的钱,在家乡上完了小学,应当说文化水平不高。而他靠着学徒的经历,竟然在 1956 年就成为天津电线厂唯一的一名被正式任命的工程师。我们兄妹几个人经常取笑他是一位从来不看书的工程师。确实,我从来没见他看过书,家里也没有一本专业书籍,但是他在天津电线厂有过无数次的发明创造和技术革新。六十几岁退休之后,他受聘于天津王兰庄的乡镇企业,与村里一位叫郭宝印的年轻村主任一起带领着一群农民在农田上建起了一座电线厂。那时,在向银行申请贷款的报告上必须盖有"鲍卿泉"的印章才会被批准,可见父亲在天津电线电缆界不仅有着技术上的知名度，同时还具有"诚信"的威望。他曾是天津南开区数届政协委员。

"文化大革命"初期他作为"反动技术权威"比他们的厂长书记还要早地被揪了出来。父亲的性格宽厚、随和，在我幼年和少年时期，可能是因为工作和会议的忙碌，我很少见到他。同时在我的记忆中我也从来没有遭到父亲的打骂。再有一个传说就是旧社会胶东的男人，是从来不负责管孩子的。也许是因为父亲的性格使然，"文化大革命"中他虽然很早就被揪了出来，从技术科下放到车间里劳动，工资由一百多元减到了三十五元，但是他没有受到更多的皮肉之苦。一是他没有什么民愤，平日树立的对立面很少；二是造反派中很多工人都是他过去的徒弟，暗中给予了很多保护。我想他在"文化大革命"当中得的急性肾盂肾炎病被年轻的医生误诊为阑尾炎，未能得到及时的医治，可能是导致他晚年患上肾盂癌的原因。父亲八十五岁去世，因为随我在上海拍摄电视剧《如此多娇》，死在了在上海工作的弟弟家里。父亲自幼生长在农村，虽说十六岁就离开农村进入了大城市，但他始终乡音未改，保留着很多非城里人的生活习惯。母亲属于文科型，父亲属于理工科型，因此以我的观察母亲和父亲的感情生活不是很和谐。由于各种的原因，母亲天性中很多美好的东西被扼杀了，我想这是她之所以那么支持我去学演戏的原因。

艺海情怀——好人伴我一生

第二天一早,母亲带着我又走进了天津人艺。因为头一次来时,人群嘈杂、排队叫号,鱼贯而入鱼贯而出,稀里糊涂地就离开了。而这次来,偌大的院子里只有我和母亲俩人站在收发室的门口,这才看清西边是一座四层楼,东边是一座二层小楼。院子里虽种满了花草,还有葡萄架,但时值元月份,植物自然是枯萎的。经收发室的王大爷(我们一直这样尊称他)与里边电话联系之后,片刻,尹舒坤老师出来带着我们穿过院子走进了正南的一座很正规的排演场。

当时里面有几个老师好像正在开会,尹老师让我一个人站到舞台上去。这时,我突然看见台下正中坐着一个令我既陌生又熟悉的人,我的心一下子沸腾起来。后来我才知道他叫王泉,他既是剧院的领导成员,又是导演兼主演。当时我之所以激动,是因为在这不久之前,我曾拿着父亲工厂发的票,看过两次天津人艺在人民剧场的演出。一次是话剧《红色工会》,另一次是话剧《野火春风斗古城》,而这两个剧目的男主角的扮演者都是王泉。他在《红色工会》中扮演的是一位林祥谦似的人物;在《野火春风斗古城》中扮演的是地下工作者杨晓冬。他那挺拔伟岸的身材和极具感染力的语言令我痴迷,用今天的话来说,他成了我心中的偶像。万万没想到今天我们来了个零距离接触,怎么能不令我激动和兴奋呢!这种在考场上突然产生的心态变化会给临场发挥带来怎样的影响不得而知，我唯一记得的是那天给我出的考试题目是让我表演过独木桥，然后王泉老师（应该说这是我得以步入表演专业领域的第二位恩师，第一位自然是尹舒坤老师）跟我说了些什么我都不记得了。因为我的眼睛看着他，脑子里来回翻转着他那两个潇洒的舞台形象，直到跟着母亲走出排练场。以后的几天，我似乎对于这次考试能否被录取的问题并不忧心，因为它被能见到王泉老师而激动的心情所替代。

说句玩笑话，也许千里马就要等着伯乐来发现。经过王泉老师的审查，大约春节之后的一天，在我无数次站在胡同口等待邮差的过程中，接到了天津人艺的录取通知书。我记得上面写的报到日期是2月18号，这个日子在我一生中是个重大的日子。之后每当填写个人简历中的"参加革命工作时间"一栏时，我都会郑重地写下"1960年2月18日"。

我出生于1946年5月5日，当时不满十四岁。我进入剧院以后才逐渐了解到王泉老师和剧院其他几位主要领导一样，虽然还年轻，却都是老革命了："三八式"的、战争年代部队文工团的红小鬼。因为天津人民艺术剧院的前身是以河北平山"群众剧社"为主，所以天津人民艺术剧院（简称"天津人艺"）门前的那条马路叫平山道。当时任天津人艺院长的赵路老师（电影《白毛女》中扮演赵大叔）和王泉老师进城之后，都被送到中央戏剧学院苏联专家班学习。在剧院里他们可谓又红又专，都是说一不二的权威。可惜王泉老师"文化大革命"之后，不知是不是因他烟瘾太大（我曾有一段时间和他一起开会时，发现他一上午要抽十几支香烟，只用一两根火柴），不幸患上了肺癌，六十岁左右便去世了。他患癌症之后，还参加过一次"中戏"的院庆，那时我已是"中戏"的老师了，我专门去看望了他，还一起吃了一餐饭。

1960年2月18日，带着母亲为我准备的被褥和一些简单的日用品我走进了心目中神圣的天津人民艺术剧院，开始了我的演艺生涯。这时我才知道剧院东面的那座二层小楼是专门为儿童剧团的小学员准备的。儿童剧团附属于天津人民艺术剧院，是为了加强对青少年的教育、丰富青少年的文化生活而建立的。我们的生活和学习都在那座小楼里，男同学十几个人一个大房间，都是上下铺，我主动地选择了一个上铺。我们那时统称为学员，学制三年。第一年每月发生活费十二元五角，以后逐年递增。三年期满合格后，将转为正式演员，

天津儿童剧团的小伙伴

一、步入殿堂

评定为文艺最低的十六级，工资为每月四十二元五角。

我们当时男女二十几个同学，入院前都是从初一到初三不等的中学生，所以入院后要继续接受文化教育，主要课程是语文、历史和政治。

当时有一位叫高丽娟的专职文化教员，她好像是剧院舞美设计高喆民的妹妹。在这个班集体中我的作文依然经常被作为范文在课堂上朗读。文化课大约占整个学习课程的三分之一，余下的时间是专业课，其中包括表演、台词、形体、声乐。

我的表演启蒙老师叫付伯昕，广东人。他是一位治学严谨、一板一眼的老师，原来也是剧院的导演，刚刚摘了右派分子的帽子来担任我们的表演教师。他以斯坦尼斯拉

与付伯昕老师夫妇在港重聚

艺海情怀——好人伴我一生

夫斯基表演体系作为教学指南，为我们做一些深入浅出的讲解，我们也做过一些小品练习，同时每周一要向老师交课外观察笔记。他的爱人齐兆晋是剧院专职扮演儿童的演员，长得小巧玲珑，当时也兼任我们的老师。

我们的形体老师叫钱学芳，是一位很漂亮的女老师。她过去是部队文工团的舞蹈演员，据说她与大科学家钱学森有亲戚关系。我们喜欢她又很害怕她，因为她上课时非常严厉，手里拿着根小棍，令人望而生畏。让我们更感兴趣的是每到周末或节假日，她的丈夫都会从北京来和她团聚。如果是别的什么人倒也罢了，而她的爱人恰恰是那位身高一米八几、在电影《回民支队》里扮演马本斋的八一电影制片厂著名演员——里波。数年之后，他在电视剧《三国演义》中扮演董卓，而我扮演的曹操刺杀董卓未遂，这是后话。

里波老师非常开朗，没有一点架子，每次见到我们这些小学员都有说有笑。若干年之后当我再见到已是年近古稀的里波老师时，他依然是个嗓门洪亮的侃大山高手。所以当初他每次到天津不仅钱老师高兴，我们这些孩子也高兴，他给我们带来了欢乐。每次他一来，钱学芳老师就要把办公室的桌子拼到一起作为他们团聚的临时下榻之处，因为钱老师平时是住在集体宿舍里的。

一、步入殿堂

与里波老师在《三国演义》剧组重聚

还有一位和我们相处时间不长的老师也给我留下了深刻的印象,她叫孙才华。其实她也是剧院的演员,长得也很漂亮,据说像她的名字一样很有才华。在北京演出的时候,被中国歌剧舞剧院在舞剧《宝莲灯》中扮演刘彦昌的演员付兆先相中。二人由互相倾慕到结为连理。当时她已有孕在身,挺着大肚子,这可能是让她做我们生活辅导员的缘故。也许因为她已经是一位准妈妈了,她把我们这些孩子当成了她寻找做母亲感觉的对象,对我们说话总是那样柔声柔气。最令我们感动的是她每天夜里都要巡视几次我们的宿舍,给我们盖被子。为此我们一位姓殷的同学为了享受这在家里都享受不到的母爱,在听到她的脚步声时,有时会故意把被子踢掉。我们那时真是一些孩子，儿童剧团就像一个大家庭。我记得我们班最小的同学金书贵，整天还流着鼻涕，夜里做噩梦害怕，居然钻到我的被窝里。有时冬天暖气不足，两个男同学会合睡一个被窝。有一个外号叫"毛桃儿"的小女生刘佩兰（脸上的乳毛都未褪干净），因为在一个戏里演过我的妹妹，就在生活中也整天跟在我的屁股后面喊"哥哥、哥哥"。

我们所有的老师对待我们都像对待自己的孩子一样，包括后来担任儿童剧团团长的齐玉珍老师（她也是一位"三八式"的老干部，她的丈夫就是《没有共产党就没有新中国》这首歌曲的作者曹火星）。几十年过去了，他们的音容笑貌在我的脑海里依然很清晰。

开学不久，我就当上了学习委员。可能是因为当初头一榜未被录取的缘故，为了给自己正名，比起当初在学校里的我，此时勤奋得好像换了一个人。我从小学到中学总体学习成绩一直处于中游状态，进了剧院之后我的文化课和专业课的成绩一直名列前茅，居于第二名的时候都很少。当时台词课是我的弱项，老师时常指出我说话有"三连音"的毛病。所谓"三连音"即往往在说台词的时候，把三个字中间的一个字吃掉，实际上就是吐字不清晰，为此我很苦恼。于是我花了大力气做各种语言练习，有时走在马路上因嘴里念念有词而被别人投来异样的目光；也有时因慷慨激昂而撞上电线杆。功夫不负有心人，一年多之后我的弱项变成了强项，并使我终身受益。直至六十岁以后虽演戏不多了，但仍经常被邀请到全国各地做朗诵表演，并曾以朗诵的形式参加了很多国家级的大型活动。

写到这里差点忘了我的第一次"触电"。所谓"触电"不是电影和电视，而是无线电。当时河北省会是天津，省电台文艺部的一位编导请我们儿童剧团录一部儿童广播剧。那时我的声音已经又粗又厚，虽然才十五岁就光荣地扮演了赶大车的老爷爷。这就是我的第一次"触电"。而且因此我得到了一生中的第一笔稿费——五毛钱，那是十几位同学平分后的数字。奇怪的是这之后，这位编导经常会给我打电话，给我寄来诗稿，让我去电台录制朗诵。这也是我的一位恩人。他不仅让我增加了经济收入（虽然每次的稿费也就是两三元钱），更重要的是又给予了我一个宝贵的艺术实践的机会，直至我离开天津。这里还有个小插曲，因为我知道母亲爱吃西餐，每次得到稿费之后我都会给她打电话，约在海河边的一家小西餐馆里一起吃西餐，奶油杂拌和红烩鸡块是我们的最爱。

除了课程表上规定的学习之外，剧院还举办过不少讲座。文化课方面曾请过天津南开大学和天津师范大学的老师来讲历史和文学。这两座大学与天津人艺是近邻，同处天津八里台地区。专业方面曾请过天津京剧团、歌舞团、曲艺团的不少名家来讲课，我记忆最深的是京剧大家厉慧良和相声大家郭荣启。

记得厉慧良先生那天穿的是灯笼裤，一招一式都透着潇洒。他给我们讲的主要内容是戏曲如何通过程式化的表演来刻画人物内心的变化。他边说边比画，形象生动。此后他还不断邀请我们去天津的中国大戏院观摩他的演出，因此，我对京剧的爱好上了一个台阶。

厉先生的戏我几乎都看过：《艳阳楼》《长坂坡·汉津口》《钟馗嫁妹》以及《十五贯》，等等。"文化大革命"时，我随天津人艺的某造反组织参加了在中国大戏院批斗厉慧良的大会。他双手被反铐着，被京剧团的造反派连踢带打地推上舞台。

说来也巧，"文化大革命"后的 1986 年，我在天津拍摄珠江电影制片厂（简称"珠影"）的电影《决策》时恰逢厉慧良先生的专场演出，我想方设法托天津的老朋友弄到了几张票，请剧组的同事一起去观看。那天中国大戏院里座无虚席，劫后依然健在的厉先生使出了浑身的解数，一出接一出地演了两个多小时，把他的代表作演了个遍。虽说表演依然飘逸、依然出神入化，但毕竟已是七十岁左右的老人了，演到后来也有些力不从心，观众们一浪高过一浪的掌声中透着心疼。整晚演出让我感受到的是厉先生在呐喊："我还活着！我没死！"那一幕真是让我难以忘怀！我

一、步入殿堂

不大明确厉先生的具体行当,似乎文武老生、长靠武生兼得。在我观看其他的演出中,除了高盛麟先生之外难有与其相媲美者。

为我们讲课的另一位名家是相声大家郭荣启。他以他的代表作《打麻将》为例,让我们一上午在欢笑声中感受到了以讽刺见长的相声艺术在刻画人物上的独特手段和魅力。

那时候我们每个同学都要学唱一段京韵大鼓或单弦,清晨的院子里同学们面壁而立,"丑未寅初……"不绝于耳。

我们正规的专业学习其实没有进行多长时间。为了迎接当年的"六一"儿童节,同时也是我们儿童剧团正式成立的日子,我们从 4 月份开始突击排练一台多幕儿童剧《刘文学》。刘文学是当时的一位少年英雄,好像是四川人,为了保护集体的财产,勇斗偷集体果园里柑橘的地主分子,被地主分子活活掐死。宣布角色分配时,竟然由我扮演刘文学,而扮演刘文学母亲的就是我的第一位恩师尹舒坤老师,"缘分"呐!一个本来初试就落榜的考生由一位母亲转给了另一位"母亲",从此延续了一生的演艺生涯。从第一个角色少年英雄刘文学开始,几十年来我大多以第一男主人公的形象出现在舞台上、银幕上和屏幕上。

《刘文学》的导演是由剧院派来的尹一刚导演,这是我一生中合作的第一位导演。他很喜欢我,后来我又参加

艺海情怀——好人伴我一生

四十多年后与恩师尹舒坤老师重聚

在《刘文学》中与尹舒坤老师饰演母子

过几次他导演的戏。话剧《刘文学》于"六一"儿童节前夕公演了,我记得演出的剧场叫河西区俱乐部,同时正式挂出了"天津人民艺术剧院儿童剧团"的牌子。《刘文学》的演出当时很轰动,我们经常要加演日场。当卸了妆走出剧场时,就会碰到等在剧场门口的小观众喊着:"刘文学!刘文

一、步入殿堂

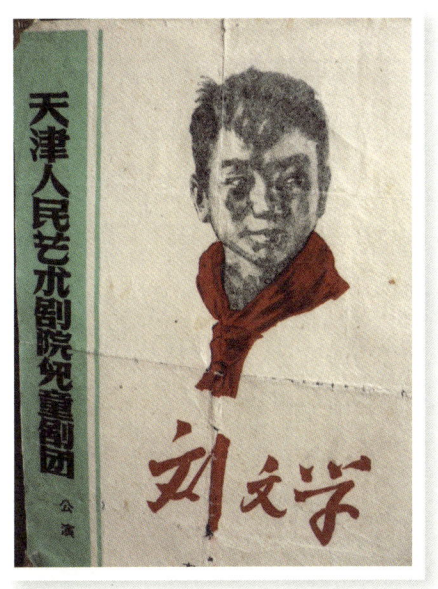

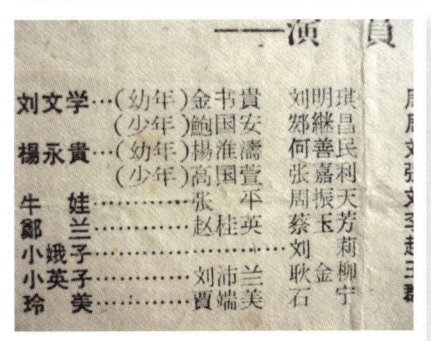

两张图为《刘文学》演出说明书

学！"这是我第一次感受到做演员的某种快乐。当然，在排演《刘文学》的过程中被尹导训斥得不知所措而落泪时，也初尝了演戏的不容易。不管怎么说，算是进入了这一行。

那时候文艺界的各个院团经常要在一起开大会，各院团的学员队也要参加。孩子们很容易走到一起,我还真交了不少京剧团、歌舞团、曲艺团的小朋友。非常有意思的是,从走路的姿势、说话的腔调、衣着和发型我就能看出每个人是什么剧种的学员:京剧团的男学员们一律剃了光头;歌舞团的学员们走起路来肯定是小八字脚;曲艺团的男学员们小小的年纪夏天手里爱拿着一把折扇,学说相声的自然谈吐不凡;而我们话剧团的学员更像是杂牌军——一人一个模样,没有什么整体的特征。

《刘文学》之后我的"麻烦"出现了——孩子的模样却发出了粗厚的声音,我变声了!这样一来,我既演不了孩子也演不了大人。在以后排演的《小足球队》《地下少先队》等剧目中,我只能客串一些没有台词的小角色。当时我并没有自暴自弃,而是想办法通过服装和造型的变化,使自己客串的过场人物不断变换着不同的身份,将剧本中只标明"群众"二字的过场人物具体化、形象化。在内部审查演出的过程中,艺委会的领导和老演员们发现我没有台词而形象在那儿变来变去:一会儿是教授的模样,一会儿是个讨饭乞丐,一会儿是个报贩子,他们竟哈哈大笑起来。

我的不甘于"随波逐流"引起了剧院领导的关注,这也是后来儿童剧团解散,80%的同学转业而我被留在剧院成人队的原因。

一、步入殿堂

左后一老者是我十四岁演出的造型

十五岁时在话剧中扮演的造型

在话剧《岳云》中饰金弹子

儿童剧团仅仅成立了两年左右的时间,当时正赶上三年自然灾害,为了缩减编制,市文化局决定解散儿童剧团。大约是 1962 年 7 月,我正在天津第一中心医院住院割扁桃体,儿童剧团的一位叫陈耀华的老师到医院看我,告诉了我儿童剧团解散的消息。同时也告诉了我,我和曾经钻过我被窝里的金书贵两人被留在了剧院成人队。而儿童剧团其他同学都转业到了天津百货大楼、劝业场等服务行业。后来在这些同学中,也有重新考上部队文艺团体的,其中最为著名的是原北京军区话剧团专职扮演朱德的王伍福和海军政治部电视中心原主任、著名编剧周振天。

天津儿童剧团同学(右一为王伍福、左一为周振天)

2010 年 6 月 1 日是那个仅生存了两年就"夭折"了的"儿童剧团"五十周年诞辰,当年的一大群"儿童演员",如今都已变成了年过六旬的老头老太太。但当我们相聚在一起时,却又都"返老还童"了,欢声笑语、童心未泯!

一、步入殿堂

前面说到住院，使我想起了在儿童剧团期间的两次住院做手术。一次是十五岁做疝气手术，另一次是十六岁做切除扁桃体手术。这都是我至今引以为豪向下一代进行"说教"的素材。那时我已享受了公费医疗，看病时只需拿着剧院开的"三联单"，到医院一切免费。这两次手术都是因为我的病情需要留院观察，手术前我都没有告知家里，直到手术后父母才闻讯赶到医院看望我。记得疝气手术后拆线出院回家休息的第二天，伤口感染，流脓流血，我一个人捂着小肚子，转了两次公共汽车，到医院复诊。说起小时候看病，我七八岁时有病发烧都是母亲给点钱，自己去医院挂号看病。十三岁参加工作之后，自己洗衣服、缝被子，自己挣钱养活自己。那时候想到将来长大娶媳妇的最大好处，就是可以不用自己洗衣服了，没想到真的娶了媳妇之后衣服反倒越洗越多。原因一是我的工作始终不坐班，时间比较灵活；二是从小洗惯了，还总怕别人洗不干净。不过我洗衣服有个特点，闷在屋里不张扬，洗好后都是夫人拿到院外去晾。我还有一个爱好就是愿意清理室内卫生，当年我在天津人艺的宿舍，多次被评为模范卫生宿舍。这个癖好虽然延续了一生，但是周围邻居们却认为我是一个家有贤妻、从不做家务的大丈夫。

1962年的秋天，我正式调入天津人民艺术剧院二团。团长叫巨国玺，他人如其姓，高大而健壮，我叫他大巨老师。

他是从业余工人话剧团转过来的，由于出身好又是党员，很快当上了中层领导。他虽然长得健壮如牛，但性格绵和、待人宽厚，我从来没见过他发脾气。他属于"形象气质好"的工农型，经常出演男主角。

我调入成人队之后，不仅与王泉老师这一辈，甚至与其他青年演员在年龄上也有悬殊。我当时是十五六岁的少年，他们都已是二十几岁的青年了，所以他们都把我当成孩子，当成一个小弟弟。而我也把这些三十岁以下的演员统称大哥哥、大姐姐，他们则亲昵地称我为"小兄弟"。他们对我都很呵护，我也时不时地跟他们撒点娇。我在家里是长子，从小管着弟弟妹妹，到成人队之后，体验到了做弟弟的幸福。他们经常会弄点小恶作剧逗逗我，我也会咬着他们的胳膊不松口。更有趣的是他们之间产生了恋情会向我征求意见，有的离婚之后会向我诉说苦闷，就连我的"性启蒙教育"也是在这些大哥哥中间完成的。

那时外出演出，青年男演员一二十个人住在一间大房子里，晚上睡觉时我一般会比大哥哥们睡着得快，睡得沉，一觉到天明。

有一次在睡梦中，迷迷糊糊听见有人喊"小兄弟"，我就应了一声。然后我就听他们说："等会儿吧，还没睡着呢。"这时我突然清醒，意识到他们好像要说什么瞒着我的话，于是当他们再叫我时，我就不应声了。之后，在半睡半醒中隐隐约约听到他们好像在讲故事，讲的是什么，我似懂非懂，好像在说一些男女之事。他们说得既含蓄又风趣，你一段他一段，即所谓如今说的"黄段子"吧。我有时听得心里突突直跳，似乎从中明白了些什么。当时我虽已十六岁了，却从未接受过生理卫生教育。那时候没有电视，电影和书籍上所能看到的也都比较"干净"，于是在这间大寝室里就算是完成了我的性启蒙教育。以后睡觉时再听到有人喊"小兄弟"时，我绝对不会再应声了。于是就听到有人会说："没事，睡着了！"

这些大哥哥对我真好啊，如此爱护我，还会想到"少儿不宜"。

记得我第一次随团去外地演出，也是我一生中第一次远离家乡和父母，去的是沈阳。当时我们是和辽宁人民艺术剧院（简称"辽艺"）互访交流，他们已先期到达天津。而当我们早晨从天津东站乘火车出发时，我突然透过车窗看见李默然穿着一件风衣立在站台上，他这时已是辽艺的院长，此次特来为我们送行。那时他的"邓世昌"已深入人心。

那一次我们在沈阳演出的是历史剧《钗头凤》和古巴话剧《甘蔗田》。我在两出剧目中未扮演任何角色（这两出剧目均无群众角色），我只是在《钗头凤》全剧结束前在幕后清唱一段岳飞的《满江红》，其余就是跟着换布景。那时的话剧演出特别红火，话剧更是东三省观众除了"二人转"之外的最爱。以李默然、王秋颖、陈颖领衔的辽艺是当时全国话剧表演的十大剧院之一。我虽没有看过他们的舞台演出，但收音机里播出的由李默然主演的阿尔巴尼亚话剧《渔人之家》演出实况录音早已让我陶醉，我不知听了多少遍。直至"文化大革命"后我才在首都的舞台上看到了李默然老师主演的《报春花》，一睹他在舞台上挥洒自如的风采。1997年，我作为第九届全国政协委员与李默然老师同在文艺界的一个小组里，同年我们还在人民大会堂"抗洪赈灾义演"的晚会中同台朗诵《致抗洪前线将士的一封信》。当时这四人集体朗诵中包括国家话剧院的丁嘉丽和李媛媛，遗憾的是李媛媛不久罹患癌症离我们而去。这是一位长得很漂亮又非常敬业的女演员，不长的一首诗，她不时地来找我们对词，对词的时候她右手还模拟拿着话筒的样子，非常投入。那种执着近乎天真，令我们忍俊不禁。

　　辽艺的剧场在我记忆中很漂亮，每天演出观众进场前工作人员要在观众席喷洒香水，这是很独特的，而进入剧场的观众也都很文明。剧场的后台很大，有化妆间、餐厅、会议室、小舞厅，还有若干间宿舍，老演员可以两个人住一间，青年演员自然是住大房间了。

　　1962年年底，正是三年自然灾害最严重的时候。时任辽宁省委第一书记的黄火青曾担任过天津市委书记，所以

一、步入殿堂

给了我们很多食物上的帮助,让我们"乐不思蜀"地在沈阳一待就是两个多月。不过两个多月的演出也是场场客满,观众反响不错。那时我毕竟年龄还小,吃饱了肚子后也还是会想家的,尤其是每个周末大同志们在舞厅举办舞会时我会一人在房间里偷偷落泪(不知为什么我对跳交谊舞始终没有兴趣,再说当时我还是一个未成年人)。领导发现这个情况,每当他们举办舞会的时候就会派一位大哥哥或大姐姐带着我去看电影或戏曲演出。我在二团的几年得到过这些大哥哥、大姐姐和老师们太多的呵护和影响。那时话剧演出正值高峰期,什么《千万不要忘记》《年轻一代》《霓虹灯下的哨兵》等,一个戏一演就是上百场。当时又赶上学雷锋运动,大家都是积极向上的,大同志们的言传身教让我受益终身。排演场上精益求精,排演场下反复切磋,在艺术上"较真儿"的精神令人感动。许多演员都是角色一分配,就根据人物的需要穿上代用服装寻找人物的感觉,投入了全部的身心。而在正式的演出中更是一丝不苟、全力以赴。那时晚上演出七点半开始,要求演员下午四点就必须到达剧场后台,除了化装之外要总结头一天的演出,做演出前的动员。每个演员要把自己所有的演出道具仔仔细细检查一遍,放在应该放的位置。后台还挂着一个红旗栏,当晚的演出没有出现任何差错的才有资格在自己的名字旁贴上一面小红旗。我记得有一位中年女演员到剧场前先去百货大楼买东西，猛然抬头发现钟表指针指在六点半，居然吓晕了过去（其实是挂钟停摆了）。那时候大同志们的很多工作习惯影响了我一生，而"不迟到"的习惯更是渗透到了我的血液之中。我对自己和别人最不能宽容的就是"不守时"。

当年整个文艺界都有一个非常好的习惯，就是外埠剧团到当地演出必有一场招待演出，一般是日场。这就使得我们能经常观摩、学习各种不同的剧种，大饱了眼福。像川剧、吕剧、晋剧，我都是看了招待场之后上了瘾，又自己买票去观摩。各种地方戏在声腔和表演上的特殊魅力始终吸引着我，使我从中受益。那时还没有电视，观摩学习完全要靠去剧场。

除了地方戏曲之外，我也时常有机会看到首都的京剧团来天津演出。如梅兰芳的《穆桂英挂帅》；马连良、裘盛戎、张君秋的《龙凤呈祥》，我都在那时看过。令我至今印象深刻的是袁世海和钱浩亮在天津大戏院的演出。在我记忆中当时钱浩亮演的是《伐子都》，他身材高大魁梧、扮相英俊，穿着高底靴从三张摞起来的桌子上翻下来，得到满场喝彩；而袁世海先生在《九江口》中的精彩表演更令我感到震撼，具体的细节我难以追记，因当时我只有十六岁，也不具有鉴赏能力，但是那种震撼感确确实实地留在了我的心头。今天回想起来，是袁先生透过京剧独特的程式化

一、步入殿堂

表演将人物的情感世界准确而淋漓尽致地挥洒出来，从而使我们得到极大的审美快感。那绝对是大师级的表演！

当时我也有机会去听音乐会，主要是天津音乐学院赠予我们的观摩票。我记忆最深的一位指挥叫韩中杰，还有一位小提琴首席叫司徒华城。除了听一些名曲之外，好像还听过一首交响曲《武松打虎》。

当时，不仅在天津有大量观摩演出的机会，剧院还规定每年有七天观摩假去北京观摩演出。1962年至1964年期间，我曾在北京看过中国青年艺术剧院的《中锋在黎明前死去》《文成公主》《降龙伏虎》，北京人民艺术剧院（简称"北京人艺"）的《伊索》《武则天》《年轻一代》《名优之死》，实验话剧院的《三人行》，中央广播文工团的《北京人》，八一电影制片厂演员剧团的《哥俩好》等很多剧目演出，大大地开阔了我的视野。

更令我难忘的是我在看《武则天》和《三人行》的演出中，两次巧遇周总理。那天观摩《武则天》，事前我们没有买到票，因天津人艺和北京人艺的特殊关系，焦菊隐先生亲自把我们带到他的导演间观看。进了导演间坐定，待场灯熄灭之后，他才告诉我们今晚周总理也来看戏了。导演间是在观众席的最后面，我向前望去寻觅不到周总理的身影。中间演出休息的时候我去洗手间，突然见到周总理从侧厅的贵宾休息室里走出来，手里拿着一方白手帕，随意地站到了大厅的一个角落。我马上跟过去站到了与总理近在咫尺的位置，奇怪的是当时也并没有什么警卫人员来阻拦我，周围很快围满了群众。我目不转睛地看着总理，总理也微笑地环视着大家，直至演出钟声响起大家才有序地散去。事后我很后悔，当时我为什么只会傻傻地看着总理，不知道问一声总理好呢？！

另一次与总理巧遇是在北京工人俱乐部观摩《三人行》的时候。当时我坐在第五排右侧，舒绣文陪着周总理和邓大姐坐在第六排中间。整个演出过程中，我不停地把头扭向左边，贪婪地看着，总觉得似在梦中。演出结束后，总理登上了舞台，大幕关闭。在全场观众持续而有节奏的掌声中大幕才又开启，周总理向观众们挥手致意之后，观众们才恋恋不舍地离去。如今回想起来，当时人们都是挺有素养的，见了伟大人物崇敬而不狂热，激动而又有序。

说起焦菊隐导演，还有这样一段小插曲。1962年冬，焦先生应邀为天津人艺复排《钗头凤》。虽然没有我什么事，但我每天都去观摩学习。焦先生的香烟抽得很凶，几乎一根连着一根。那时正是三年自然灾害期间，好的香烟是需要特供的。剧院办公室主任左道老师发现给焦先生预备的招待烟不够了，就把我叫了过去耳语一番，于是我就当了一回小跑腿，从当时的排演现场干部俱乐部乘公共汽车历时两小时，斜穿天津市，到我们剧院的人民剧场为焦先生

一、步入殿堂

取回一条香烟。

进入二团以后的两年生活，尽管我没有什么大的作为，但在那样的成长阶段无论是人生观、艺术观还是道德观都受到了潜移默化的影响。在似懂非懂中奠定了人生的基石。

那一段生活看似无忧无虑，但随着年龄的增长，苦恼与日俱增。我当时是成人的声音娃娃脸，除了"通讯员""警卫员"之类的，演不上什么像样的角色。往往一百多场的演出，几个月的时间我几乎都是在搬布景。虽说我经常站在边幕条那观摩老师们的表演，平时看一些书，但都难以消除自己的烦恼。

其实剧院之所以把我留下来是相中了我某些潜能，作为储备。在可能的情况下他们都考虑到了对我的培养，譬如1964年春天，北京话剧界的许多知名演员到天津举行朗诵会，邀请天津人艺选派一名演员参加，剧院竟然将未满十八岁的我选派了出去。后来剧院还曾准备保送我去中央戏剧学院学习，虽然因种种原因未能成行，但都体现了剧院的良苦用心。也许是剧院对我近乎宠爱的培养，让我变得有些自私，我未能很好地感受到这些关爱。

1964年10月的某一天，我们正在天津民族文化宫演出《豹子湾战斗》，突然在化妆室发现有一位女演员在哭泣。问了别的同志之后才知道新疆生产建设兵团到天津来征调各类专业技术人员支援边疆建设，其中包括文体工作者。

艺海情怀——好人伴我一生

在话剧《豹子湾战斗》中饰通讯员（时年十七岁）

市政府向有关单位摊派名额，我们剧院将有三名同志调干支援边疆。不知什么原因当我听到这个消息的一刻，灵魂就出窍地飞到了新疆，我的脑海里充满了新疆的美丽画面。20 世纪 60 年代初也正是上山下乡、支援边疆热潮的前奏，"好男儿志在四方"的标语口号到处都是。我这个生在天津长在天津的十八岁青年一下子沸腾起来，产生了一种强烈要到异地他乡去闯荡一番的愿望。现在回想起来当时就好像有一种莫名的力量，在后面推着我使我欲罢不能。当天在后台我就向大巨团长表达了自己想去新疆的愿望，我至

一、步入殿堂

今记得当时他用惊愕的眼神望着我,说了一声:"这个事我做不了主!"第二天一早我又迫不及待地去找院领导,党委书记刘鹏同志向我做了耐心解释,劝我在剧院安心工作。我思来想去回到宿舍提笔给当时的天津市市长胡昭衡写了一封信,表达了自己要求支援新疆的决心。当天晚上接到了母亲的电话,要我回家一趟。回去以后我才知道,刘鹏同志用电话向母亲通报了我的动向,意在请母亲做我的工作。我向母亲又一次诉说了自己在剧院无戏可演的苦恼,希望母亲能再一次地支持我去闯荡。母亲落泪了,因为新疆伊犁距天津近万里之遥,那时交通、通信都不方便,如果去了何时能够再见面可是遥遥无期的。但我当时就像着了魔似的,根本不能感受剧院领导和母亲的苦心、爱心,一意孤行。几天之后,剧院人事处找我谈话。原来我给胡市长的信经文化局批转到了剧院,上面写着:"革命行动应予支持。"这几个字使剧院只能放人,再加上剧院指定的人员死活都不肯去新疆,也正好拿我"滥竽充数"。

二团的大哥哥大姐姐们为我举行了隆重的欢送会,一个个语重心长地千叮咛万嘱咐,我当时也落了泪。剧院还让舞美工厂给我做了一个大木箱,送我这个游子远行。这个大木箱和里面的半箱书籍伴随着我走遍了大半个中国。我是自己拿着家里的户口本去派出所办的迁移证,临出发的那几天我尽量地躲避母亲,偶尔见面都是用自己做作的欢

艺海情怀——好人伴我一生

天津人艺的大哥哥大姐姐们欢送我去新疆（二排左二为鲍国安）

乐和"雄心壮志"去阻挡母亲的眼泪。就这样我于1964年10月24日踏上了西去的列车。告别了生我养我的海河，告别了那么多给予我养育之恩、对我寄托过殷殷期望而此刻又对我无可奈何的亲人！如今父母已经作古，当年天津人艺的赵路院长、王泉老师也已经去世，那些尚健在的大哥哥大姐姐也都是八十多岁的老人了。时光荏苒，往事如烟，那样一段情谊是我终生难以忘怀的！

二、边疆之行

其实若干年之后我才感悟到，我的新疆之行应该是有一股无形的力量在推动着我，看似鬼使神差，实则是命运之驱使。因为后来很长一段时间内我自己都无法理解自己的这次"革命行动"。天津有我的父母、弟妹，这是个幸福的小家庭。剧院有那么多呵护我的老艺术家和大哥哥、大姐姐，这是个美好的大家庭，而我一个花季少年却偏偏要执拗地抛弃"幸福"和"美好"，我到底是要去干什么？追求什么？其实很茫然！然而就是这冥冥中的力量要我去实现愿望，因为我十八岁了，成人了。

当时从天津出发要坐四天四夜的火车，三天的汽车，才能到达新疆生产建设兵团农四师师部所在地伊犁。火车开动之后我了解到，我们这一行几十个人都有一技之长。有皮革专家、制鞋技师、面包师、篮球教练，等等。其中包括我们六名文艺工作者。我们是五男一女，唯一的女性是天津音乐学院学小提琴专业的，叫李吟梅，她就是当今赫赫有名的青年指挥家李心草的母亲。她与我同龄，当时也只有十八岁。年轻人碰到一起憧憬着未来，虽说几十个人只有五六个卧铺，却都互相谦让着。兴奋的神经支撑着每个人，大家有说有笑不觉疲劳。直至车到嘉峪关，不知谁提了一句"车过嘉峪关，两眼泪涟涟"的古话儿，让人们方才还兴奋不已的心头骤然掠过一丝莫名的凉意，不过很快又被新的兴奋冲淡。快要进入新疆了，有人竟带头唱起了革命歌曲，还有手风琴伴奏，整个车厢洋溢着欢乐。

朱兵（即朱祺宝）与李吟梅（李心草之母）

我们在乌鲁木齐休整了一天以后，开始三天的汽车旅行。沿途的风景如画，那高山流水奇峰异景，让我们这些来自华北平原的人们真是叹为观止。三天的旅程在不知不

二、边疆之行

进疆第一张照片

觉中度过,第三天的下午进入了伊犁市。这是一座美丽的花园城市。当我们走下汽车,看到那充满异国情调的房屋建筑和街景时,居然兴奋地欢呼了起来。有人迫不及待地就在路边的维吾尔族老乡那里买了几串烤羊肉吃了起来。我们当晚下榻在农四师的绿洲饭店,晚上逛了伊犁市。

夜幕下,街道两边清澈的渠水旁,坐着一排排穿着各式民族服装,以油灯照明的小摊贩,他们在吆喝着哈密瓜、西瓜、葡萄干、杏干、葵花子、莫合烟、烤羊肉串、烤羊腰子等,琳琅满目。不宽的街道中央有很多少数民族青年拉着手风琴,手挽着手,唱着歌走来走去,令我们流连忘返。

我们的兴奋劲儿还没持续两天,就被迎头浇了一盆凉水。我们被告知原来承诺的工作,因文工团尚未被批准成立而无法兑现,我们将暂时被安排到六十六团业余宣传队工作。所谓"业余",自然是以劳动为主。这时有人大呼上当受骗，而我当时思想上倒没有太大的波动。

回想起来似乎有点费解，作为大城市大剧院的演员怎么就一下子莫名其妙、稀里糊涂地成了农场里的业余演员？我倒没有去深究，只是突然感到一丝茫然。直至到了农场土坯房的宿舍里，接到在路上走了十天后母亲寄来的第一封信，"国安我儿"四个字使我不禁潸然泪下。当时自己竭力要从脑海中排除两个字——"后悔"。我不知是一股什么力量让我产生那样坚强的意志力，让我从来没有参加过什么体力劳动的小身板去迎战第一场艰苦卓绝的劳动——在戈壁滩上种树。

就在这时，我遇到了对我一生产生重大影响的六十六团团长万忠。最初对他的经历我并不了解，只是当他来看望我们时，我觉得他浓浓的眉毛很像我的父亲，使我产生了一种情感的寄托。而他在第一次接见我们时也对我格外亲切，说话时眼睛不时望着我。之后回想起来，我想是不是我的浓眉也让他觉得似曾相识。

很快我了解到他是安徽人，1938年参加革命，在抗日战争和中华人民共和国成立过程中屡建战功。中华人民共和国成立后他本已转业调往农垦部工作，可是后来他自愿支援边疆到了这个团。对他的了解使我心里有了些许平衡。在他的邀请下，我有时晚上会到他家里去做客。他的家同样是一座土坯房，虽然已是1964年了，晚上在他的房间里

二、边疆之行

万忠团长

还时常要点着油灯。在他家,我听他讲战争的故事,从中得到了很大的情感慰藉,这恰恰是我当时最需要的。他曾在战场上三次负伤,右腿中弹致残。我们经常会看见他一跛一跛的身影出现在田间地头,他的音容笑貌深深印刻在我的脑海里。

说起戈壁滩上种树真有点"艰苦"。2月份的伊犁冰天雪地,每天凌晨五点起床后,每个人要摸黑到池塘边抱一块冰送到食堂才有资格吃早饭。早饭是玉米饼子、玉米糊糊就咸菜。早饭后扛着坎土镘①步行一个多小时到团部大门口,在大路两旁的戈壁滩上栽种白杨树苗。坎土镘砍下去震得人两手很疼,时间长了虎口被震裂,手掌磨出血泡,一双双细皮嫩肉的手伤痕累累。当时规定的任务并不多,每

---

①坎土镘(Kantuman)又名坎土曼,是中国新疆少数民族的一种铁制农具。有锄地、挖土等用途。

艺海情怀——好人伴我一生

人每天挖五个小树坑，可这也要了我们的命了。因为我们面对的是戈壁石头和沙子，连汉族的锄头都没有碰过，一下子我们要用少数民族的工具和石头硬碰硬，如何玩得转！几天下来大家都筋疲力尽，望着那茫茫一片的戈壁欲哭无泪。可是"活人不能让尿憋死"呀！不知谁急中生智，拿着自己的铁茶缸跪在地上，将坎土镘刨松的石头和沙子一缸一缸地舀出来，大大提高了工作效率。

在之后半年多的日子里，我还种过烟叶、插过秧、拔过稗草、脱过玉米粒、扛过粮食包（因此落下了终身腰疾）、当过夜间的放水员、在大田里间过苗等，那种大田一上午从这头都干不到那头。我在六十六团待了有半年多的时间，这种高强度的农田劳作生活是我离开天津时始料未及的，是自尊心让我的精神和体力没有垮下来。我没有因病因故请过一次假，却换来了这样一些议论："这几个人肯定是在天津犯了什么错误，否则为什么会从大城市、大剧院来到这里……"当时我真想大喝一声：难道你们都是犯了错误才来到这里的吗？人啊，为什么要自残自贱呢？！

当然，组织上并不会这样看待我，因为他们看过我的档案。所以在我们劳动之余，为了迎接春节，需要排演一出话剧——《南海长城》，当时我被指定为导演。天啊！我只有十八岁呀！在天津人民艺术剧院里我只是个龙套演员，当导演是我做梦都没有想过的事情。在我的心中，导演是一种权威,是一种神圣的工作,是少数具有特殊能力的人才能胜任的职业。我恨自己带来的半箱专业书籍中竟没有一本是讲导演工作的,以至于我无法"临时抱佛脚"。

当然,之所以指定我为导演,是因为我是从天津大剧院来的。常言道:"没吃过猪肉还没见过猪跑吗?"山中无老虎,猴子称大王吧!我学着在剧院看到的导演工作时的样子,与搞舞美设计的同志确定了舞台空间的样式,分配了角色,讨论了剧本,核对了全剧的台词。进入排练阶段,我一丝不苟地要求着演员,反正这里没有人知道我是不是第一次当导演。剧目上演之后,获得了大家一致好评。这时舆论又出现了:"人家是从天津大城市、大剧院来的……"

这一切自然是我在天津所得不到的。天津的生活尽管舒适稳定,却让我感到人很呆板、无所事事,所以我才想跳出去。选择去新疆其实只是个偶然,要跳出去才是必然。如果在去新疆之前有其他可去的地方,我也会义无反顾地奔赴。到了新疆之后所发生的一切虽说都是我所需要的,但它出现的形式以及迅猛发展的速度却让我感到愕然和难以消化。我在六十六团半年所经历的一切让我足够消化和受用一生。

在剧院里我是被宠大的,在别人的眼里我永远是个孩子。到了新疆我一下子成人了,成为一个男子汉,就理应接受人间的磨难,要从艺怎能不食人间烟火。半年多的生

艺海情怀 ——好人伴我一生

活给了我无数个第一次：第一次干农活、第一次当导演、第一次与一位老革命万团长成了忘年交、第一次结交了我一生中为数不多的男朋友中的第一位朋友——来自武汉的支边青年蒋国良，通过蒋国良引见认识了我一生中的第一位女朋友——与他同来武汉的支边青年朱祺宝。其实我到新疆半年之后就为我之后人生的大改变做好了铺垫，只不过当时没有意识到罢了。

蒋国良比我大一岁，他和朱祺宝在武汉都是话剧表演爱好者，在看到新疆生产建设兵团农四师招收文工团演员的消息后应招而来。到了六十六团之后，蒋国良和我同住一个房间，当时同房间共住十几个人，而我们俩一见如故、形影不离。我们在一起总有说不完的话，到后来情如兄弟。他在生活上给过我很多帮助，记得有一次我高烧住到了团卫生队，连输几天液，他一直在我的病床边伺候。他虽然只大我一岁，但在为人处世方面比我"老练"很多，经常可以化解我的一些"愤怒"和"不满"。由于我是在剧院"娇生惯养"长大的，不谙世事，情感的宣泄往往缺乏控制，这也让我在生活中吃了不少苦头。有道是"江山易改，本性难移"，时至今日我脾气仍是"控制"得不好，有时为控制而控制，积压到后来反而爆发得更加猛烈。在我一生中，只有蒋国良这一个朋友在我缺乏控制的时候，给我以提醒和宽解，使我至今怀念他。在别人的眼里蒋国良是个"小滑头"，而在我看来，小小的

二、边疆之行

年纪就让别人看出是滑头的人其实并不滑头。不少同志认为他待人不够真诚，但他却给予了我绝对的真诚。

与蒋国良合影

蒋国良的最大弱点是自以为是，认为自己很聪明。他是有一些小聪明，他到新疆两年之后，胳膊上长了一个良性小瘤，他把医生诊断证明书上的"瘤"字巧妙地涂改为"癌"，使农四师有关方面忙不迭地把他的全部关系转回武汉。这在别人看来简直就是"绝处逢生，逃离苦海"。因为当时想要调离新疆重返故乡比较复杂，而他只是耍了个小聪明就唾手可得。他到师部劳资部门办好返城手续准备动身前向我告别，（我那时已调到师政治部宣传科工作）恰逢我作为调干支边人员到了应该享受两年一次探亲假的时候。于是我请了假，与蒋国良结伴同行。到了乌鲁木齐火车站

艺海情怀——好人伴我一生

以后，那里人山人海，因为那时正值"文化大革命"时期。拥挤的人群致使列车不敢打开车门，虽然我们非常规矩地买了车票，却也无法登上列车。正当我感到无望时，蒋国良递给我一个白色口罩让我戴上，并让我站到车头的部位。大约过了半个小时，他身后跟着两名穿铁路制服的人和一名军人向我走来。当时我吓了一跳，还以为他出了什么事被人押解了过来。走到跟前他向我挤了挤眼，示意我不要说话。然后其中一位女乘警过来搀扶着我，走向紧挨车头的一号车厢，向车窗内招了招手，于是车门被打开，我们被车内的乘务员接上车。上去以后一节车厢只有我们两个人，我们立即抢占了两个上铺。这时我才知道他又是拿着那张"癌症诊断书"耍了个小把戏。

　　两年多之后我也调回去了，我们每隔一两年都会见一次面。他似乎是有着超前意识的人，"文化大革命"后不久就做起了生意，我第一次看见有人使用信用卡就是在他请我吃饭付费的时候。可就是这小聪明最终害了他，我听说他居然从广州非法倒运走私进口的空调。我曾含蓄地劝过他，他不以为意。直至1992年，我再次去武汉时见不到他，多方打听均无消息。后来听说他负债累累。至今我没有他一点音信，不知他是死是活。无论他后来如何，他都是我青年时代的挚友。在农场那孤寂的岁月，他给过我慰藉。"文化大革命"时为躲避新疆武斗，我在武汉待过半年。

二、边疆之行

那时我不名一文,他为我提供了每月所抽的香烟和一些食品。有时还会带我去看看演出,有时陪我在长江边散散步。最不能忘记的是,他还是我的"月下老人"。几十年过去了,至今我没遇到一个可以替代蒋国良的朋友,这常常使我感到怅然。如果蒋国良还活着,如果他能看到这本书,希望他能给我一个音信,不然我们就来生再见吧!

在六十六团这半年多的生活和工作中,我几乎是被强制性地(当然也是"自找"的)一次次完成高强度的"劳动改造"。长到十八岁我才尝到了"艰苦"的滋味,提高了我以后抗压的能力。当然我也尝到了在天津不可能尝到的快乐,完成了我作为导演的处女作,因此我才会在十四年之后报考中央戏剧学院导演系。如果说要"以人为本"的话,我最重要的收获是结识了两位对我一生产生重大影响的人物——万忠、朱祺宝。

另外,还有两个小妹妹不能不提及,她们也是从武汉来的业余宣传队的小演员,一个叫顾金燕,是武汉越剧团著名表演艺术家金月楼的女儿;另一个是我至今都要尊称为"姑奶奶"的胡小玲。她们俩当时都只有十四岁,军装上衣的下摆都到她们的膝盖了。至今我也没问过她们俩为什么总爱跟在我后面,而我也很喜欢这两个小妹妹,会给她们一些呵护,会帮助她们提高一点劳动效率。其实我是把思念自己弟弟、妹妹的感情寄托在了她们身上,使我心中的爱能得以释放。我那次回家探亲专程去了一趟武汉的时候,她们的父母热情地接待了我。前两年,当我再次去武汉,闻讯前往医院看望已八十高龄、患脑血栓瘫痪在床的金月楼伯母时,她竟能叫出我的名字。

四十年后与胡小玲(右二)、顾金燕(左一)重聚

胡小玲是个很倔强的小姑娘,有时爱怄气,不知为什么就噘起了嘴,这时候我就要像一个大哥哥那样去哄哄她,久而久之我就戏称她为"小姑奶奶"。"文化大革命"后她们都返回了武汉,我们的联系一直未断。如今她也是七十多岁的老人了,每次电话接通之后,我仍然要戏称她一声"姑奶奶"。

1965年7月,我被调到师政治部宣传科电影队工作,

二、边疆之行

同时被调去的有朱祺宝和一位会拉二胡、弹热瓦普的男同志。原来是宣传科要组成一个幻灯宣传小组，附属在电影队里。每当电影放映之前，先以幻灯的形式宣传时事政策、好人好事和英雄事迹。除我们三人之外，宣传科又从别的团调来一位专门绘制幻灯片的同志。我们当时的工作和流程是这样的，先由朱祺宝负责选择相关材料，再由我把确定下来的内容以当时流行的艺术形式，比如快板、对口词、三句半、对唱、配乐朗诵等编写成文字稿，最后请搞乐器的同志编曲配乐，负责绘画的同志根据文字稿的内容和段落绘出一张张彩色的、形象化的幻灯片。正式演出时，我们几个人各司其职，投放幻灯片的同时，一边连说带唱，一边敲锣打鼓，声情并茂地配合着银幕上的画面，演绎着丰富的内容。在当时文艺演出很少的情况下，这种演出形式受到了热烈欢迎。其中最成功的要数宣传《党的好干部——焦裕禄》，在幻灯宣传的演出现场，黑压压的人群中，被感动的哭泣声此起彼伏，而我们自己在说唱中亦是声泪俱下。我们不仅在师部机关和师部直属单位演出，还要下到各个团以至各个连队演出。我们这个精悍的四人小集体踏遍了伊犁的山山水水，每到一个团或一个连队我们都会分头采访好人好事、编写脚本、绘制幻灯片，然后进行排练，直至电影放映前进行我们的幻灯宣传演出。这样的演出令基层的人们都非常感动。每到有这种演出时，在室外空旷的

艺海情怀——好人伴我一生

农四师宣传队幻灯组鲍国安、朱祺宝、高旭三人合影

场地里，劳动了一天的人们都会匆匆吃罢晚饭，拿着小凳子坐到用两个木杆支起的银幕前翘首以盼。记得有一次，我们的幻灯演出刚开始，发电机出了故障。一直修了两个小时才修好。当时已经是夜里十点了，我们考虑到大家第二天一早还要劳动，临时决定不继续幻灯片演出而直接放映当天的电影《地道战》。没想到观众们说什么都不愿意，强烈要求幻灯演出继续。于是我们在感动中又敲响了锣鼓，以更大的热情来回报他们。就我个人而言，我又有了几个第一次：第一次编写说唱脚本，第一次去接触那些我在剧院里不可能接触到的演出样式……广阔的天地让我"品尝"

二、边疆之行

了无数个第一次。远在祖国西北的基层观众所给予我们的热望和厚爱，令我终生难忘。一年多的时间里我们编写、上演了近百个幻灯演出节目。当我们代表农四师到乌鲁木齐参加全兵团的幻灯宣传会演比赛时，我们毫无悬念地获得了第一名并被兵团政治部派往各师做示范演出，这倒给了我们一次遍游北疆的机会。

在北疆巡演的过程中，我意外地在奎屯农六师见到了朱祺宝的妹妹朱祺嫦，她完全是一副飒爽英姿的样子。原来她也追随朱祺宝的脚步于1965年报名来到了新疆兵团，成了一名整日登高爬梯的女电工。不过若干年之后，朱家只有朱祺宝留在了中国内地，其他人都去了中国香港。

我在兵团会演中的表现引起了兵团文工团和政治部的关注，曾有过要调我去兵团的风声，但不知什么原因最终没有调成，我也不以为意。总之，那一段生活快乐而又充满传奇色彩。

我们在师部机关演出时，附属于电影队，而下到团里演出时，我们则是幻灯组四人单独成行。我是组长，我说了算，想去哪个团，打个报告经科里一批，领了钱就出发。有时师里派车、有时乘长途汽车、有时坐马车，团与团之间相距几百公里。有时车在茫茫戈壁半途抛锚，我们就住在哈萨克老乡的帐篷里。哈萨克族人民纯朴善良、热情好客，我们往往住上一夜，为他们演两个节目就代替了食宿费，因为他们拒不收钱。那时候我们真有点天马行空的意思，广阔天地任我翱翔，欢歌笑语，无忧无虑。当然有时在长途跋涉中我们也会遇到又冷又饿又惊险的事情。有一次演出归来，在返回师部的路上，途经伊犁河。河水结冰，我们在岸边的小酒馆里待了一天一夜，还有一丝恐惧。小酒馆里挤了十几个不同民族、身份不明的人。有的怀抱猎枪、有的酩酊大醉、有的大声唱着叫着，满屋子呛鼻的莫合烟味混合着喷出来的酒气令人窒息。今天回想起来真好像是美国西部电影的某个画面。

幻灯组到各团场巡演途中

在幻灯组工作的一年多时间里，我还有一个重大的收

二、边疆之行

获就是学会了放电影。因为我们无论是在师部还是到团里去演出,都是和电影队在一起,坐在电影机旁。我自幼的电影情结在这里得到了最大的满足。不仅看了上百部电影,还从好奇、试着摆弄,到在放映员的指导下学会了自己装片和放映,有时,我还代替放映员放上几部,真是过足了瘾。

正当我们陶醉在这诗一般的工作和生活中时,忽然传来了一个消息,幻灯组要解散。我们一下子都蒙了,为什么要解散呢?原来幻灯组就是为了应付兵团会演而建立的,而师部机关的电影队没有我们这几个人的名额。会演之后之所以迟迟没有解散,是因为我们干得太好了,不仅拿了一等奖回来,而且获得了广泛的好评,使解散的命令难以下达。现在从种种迹象来看幻灯组要解散了,我们这个小集体将不复存在。那我们这几个人将要到什么地方去呢?是都返回原单位,还是另调别处?一年多来,我们朝夕相处,特别是我们三个男同志不管走到哪里都住在一个房间,而这个房间也是工作间。朱祺宝则除了睡觉外,大部分时间也都要在这个房间里。在一起的时候不觉得什么,如今突然意识到可能要各奔东西,一种难以割舍的情感油然而生,尤其是对朱祺宝我竟产生了一种从未有过的异样情感。我们四人中的另两位男同志都是早已有妻室的人,而我和朱祺宝是单身,我俩同龄。我的性格内向,朱祺宝的性格外向,我们二人性格互补。在别人看来我们是师生和上下级的关系,我有时也会在排练中对她发脾气,而她却并不介意,生活中她还会帮我洗洗衣服刷刷碗。由于这一切都是那么自然,故而从未有人想到其他什么。我更是天地良心,从未产生过非分之想。如今突然说要分手,才产生出那种"将要失去才意识到珍贵"的情感。我足足憋了两天,终于在一种紧迫感的驱使下,约朱祺宝谈了一次话。她像往常一样甩着两条大辫子大大咧咧地坐在我对面的床上:"说吧!什么事?"我清了清嗓子,克制了一下紧张的情绪,以一种很严肃、很认真的态度开始了我们的谈话。

"我想和你成为朋友……"我低声说道。

"我同意。"她没有经过任何思考脱口而出。

"我说的不是一般朋友。"

"我知道。"

天哪!难道这就是谈恋爱吗?这就是我初恋的开始吗?难道真的是《初恋时我们不懂爱情》?没有惊心动魄,没有海誓山盟,一切都是那么平和、自然。其实,这就叫瓜熟蒂落,水到渠成。我们恋爱关系确定之后的很长一段时间内竟无人发现我们的秘密,因为我们原来朝夕相处,现在还是朝夕相处。

"文化大革命"开始了,师部机关里乱了套,这一下子倒救了我们,因为解散幻灯组的命令被暂时搁置了。我们

二、边疆之行

四个人开始了一段无所事事的生活,没有参加任何造反派,只是偶尔去看看大字报。

在那一段时间里,我有一个意外收获。因为师部图书馆就在我们所住的俱乐部里,偶然一天我发现图书馆书架上的很多书被扔到了地上,将要被焚烧示众。于是我斗胆来了个"近水楼台",丰富了一下我的个人藏书。这无疑大大丰富了我的知识,为我后来参加中央戏剧学院文艺理论考试又积累了点资本。

有一天,我突然看见朱祺宝的名字出现在大字报里,冠以"特务子女""香港小姐"的头衔。我说过朱祺宝的性格大大咧咧,所以她也没有做出什么痛不欲生的表示,她只是征求了我们大家的意见后把她的姓名由朱祺宝改为朱兵,于是朱兵这个名字叫到了今天。

此后我才大概了解到她的身世。

朱兵,上海人,出生于1946年。她的父亲的确在国民党"中统"(重庆)工作过,不过做的是财务处长。抗日战争胜利后也曾以少将军衔去上海做接收大员,朱兵就在此时出生于上海。但她父亲深感国民党的腐败,于1947年毅然脱离国民党携全家老小投奔了中国香港的朋友,在经贸公司里做起了专职会计。朱兵的母亲到了中国香港以后,经朋友介绍,到长城电影公司做会计。由于希望子女接受中国优秀传统文化教育,中华人民共和国成立以后,父母将六岁的朱

艺海情怀——好人伴我一生

朱兵在中国香港的幼儿园毕业了

兵和她八岁的姐姐朱祺珠送到内地上小学,寄住在广州的舅舅家。由于舅舅是广东话剧团的舞美设计,朱兵自幼受到艺术熏陶,再加之她长得乖巧,竟时常被特约到广州战士话剧团和广东省话剧团客串儿童角色。

当电影队队长知道了我和朱兵的恋爱关系后,曾找我谈过一次话,透露了朱兵的家庭问题,希望我和她终止恋

二、边疆之行

爱关系。我当时真被吓着了,产生了动摇。而正在此时,蒋国良的到来使我没有"一失足成千古恨"。

朱兵儿时随广州战士话剧团演出《当布谷鸟叫的时候》剧照

蒋国良是我和朱兵最初的引见人,他得知我和朱兵恋爱的消息后喜出望外。当他来师部办理返城手续时,听到我要和朱兵断绝关系,顿时非常沮丧,他不厌其烦地劝说我,并告诉我朱兵的父母是多么的善良。原来朱兵的父母不仅把孩子们送回内地上学,他们夫妇后来也回到祖国的怀抱,在湖北省外贸公司工作。听了蒋国良的话,我深深地感到内疚,我与朱兵言归于好。之后,我与蒋国良结伴返津探亲,途中才有了那次他将我扮成癌症患者的小插曲。

阔别了两年的父母和弟妹们,在我没有到家之前就已看过了我给他们寄去的朱兵的照片,他们看到照片都很满

艺海情怀——好人伴我一生

朱兵18岁个人照

鲍国安18岁个人照

意,这自然也就成了我们见面后的一个主要话题。我是长子,刚二十岁就有了未婚妻,这对于父母来说是极大的安慰。可是一想到我将要在边疆成家立业他们心里又是说不出的滋味。四十五天的假期除去路上周转,再加上我回去的时候还要去一趟武汉代朱兵看望她的父母,实际在天津家里只能待二十几天。这中间我还去了两趟剧院,大家看我穿着军大衣神气的样子,都认为我在那里干得不错,也替我高兴。就这样来去匆匆,我又告别了亲人们,重返边疆。

在北京换乘时,我登上了北京开往武汉的列车。经过一天一夜的旅程,我与蒋国良在汉口火车站如约见面了。他把我领到朱兵家,见到了朱兵的外婆、父母、姐姐朱祺珠和弟弟朱祺球。朱兵家一看就都是非常有教养的人,他们的热情可亲让我一下子去掉了拘束。我在

二、边疆之行

他们家住了三天,向他们详细介绍了朱兵的情况,他们很欣慰。同时我还见到了朱兵最要好的同学,也是一生的好朋友钟宝莉。这中间我还去看望了胡小玲和顾金燕的父母。顾金燕的父亲请我在饭馆里吃了一餐丰盛的湖北菜,胡小玲的母亲则亲自下厨让我吃了一桌她拿手的家常菜。三天很快过去了,朱兵的父母亲自到火车站为我送行。

七天后,当我到达伊犁时,我收到了蒋国良这样一封来信:"……朱兵的父母在火车站把你送走之后,立即来到我的家里,他们问我鲍国安和朱兵是什么关系?我说你们不知道吗?他们在谈恋爱呀!朱兵父母听后埋怨我为什么不早告诉他们。鲍国安,你自己难道没有告诉他们吗?朱兵也没有写信告诉他们吗?你们这搞得是什么名堂呀?"

朱兵看了信后说:"这个该死的蒋国良,我们怎么好意思说呢,你应该替我们介绍呀!"不过我说:"应该感谢蒋国良没有多嘴!才使我和未来岳父母的第一次见面那么随意,那么平和。"紧接着朱兵接到了她父母的来信,对我给予了充分的肯定。

造反派们闹得越来越厉害了,我们四个人都看不惯打砸抢的行为。于是我提议召集一批业余话剧爱好者,排练我刚从天津人艺拿回来的一个话剧剧本《新时代狂人》,然后去各处巡演,也算是我们以实际行动参加了"文化大革命"。演出很成功,我们一直在全师各团演了一个多月。

艺海情怀——好人伴我一生

　　这时新疆各地的武斗开始了,到处枪炮林立,铁丝网密布,很多人有家不敢回。由于人心惶惶,演出无法继续进行下去,我只好解散了这个临时的演出小团体,大家各奔东西,投亲靠友。我们几个人都来自内地,在新疆没有可以投靠的地方。这种大规模的武斗何时才能够结束?何时才能恢复正常秩序?

"文化大革命"中鲍国安一家

　　冬天快要到了,我们身无御寒之衣,口袋里也没有什么钱,以后的日子难以想象,无奈之下我们想到了回家。我们求好心的货运司机把我们带到了乌鲁木齐,在乌鲁木齐,我们住到了在幻灯会演时兵团供销部电影队的放映间

二、边疆之行

里,等待了十几天才挤上了开往西安的列车,在拥挤不堪的车厢里苦撑苦熬了四天四夜才到达了西安。火车到达西安是凌晨,疲惫不堪的我们各找了几张报纸,在西安车站的街头倒地就睡。直至第二天上午十点,我们才被从身上跨来跨去的熙攘人群惊醒,我们几个人决定先到北京再说。比起遥远的新疆,天津近在咫尺,"回家真好"的想法让人难以停留,在北京只待了几个小时,我就拉着朱兵去了天津。其实我当时的一个心愿就是想利用这个难得的机会让父母和弟弟妹妹们见到朱兵。

到达天津是晚上七点左右,我们俩人已经几天没洗过脸,都是一副脏兮兮的样子。我们决定先到我家附近的公共浴室洗个澡。居然那么不凑巧,男部营业,女部休息。结果朱兵就以几乎蓬头垢面的样子跟着我回家见了她未来的公婆。不过我们全家谁也没有在意这些,我们的突然到来,尤其是朱兵的突然到来,简直就像"天上掉下个林妹妹",楼上楼下,街坊邻居几近沸腾,大有结婚庆典、争看新娘的架势。

我父亲那时已被批斗,工资也被降至35元,家里人的心情都不好。我们的回家,尤其是朱兵那爽朗的性格冲淡了家里的"乌云",给苦难的生活带来些许快乐。朱兵与我的弟弟妹妹相处得极好,从那一刻起我弟弟和妹妹就对她亲昵地称呼"姐姐"。我最小的弟弟小我十二岁,当时居然吵着要和朱兵睡一个被窝，朱兵经常早晨给他穿衣服。后来知道在北京的其他同志也都各自回到了家，我们也就在天津暂时安心地住了下来。可当时的纪律观念还很强，没过门儿媳妇就住在了婆婆家，将来回去怎么交代？！于是我们求剧院帮忙，剧院革委会在职的大哥哥大姐姐们听我们说明缘由，居然十分体谅我们，让我们分别住到了男女宿舍。更让我感动的是，知道了我们身无分文，十几位大哥哥大姐姐凑了二百多元给我们（这在当时可是个大数目）。再后来不知谁提出建议："你们两人好不容易都回家了，干吗不借此机会把婚姻大事办了？"我当时脱口而出："没有证明办不了结婚证呀！""嘿，剧院给你们开呀！""啊，真好呀！"剧院革委会的一纸证明让我们顺利地领到了印有毛主席语录"领导我们事业的核心力量是中国共产党，指导我们思想的理论基础是马克思列宁主义"的结婚证书。我们仅用了30元钱在自己家里摆了两桌非常简朴的酒席，剧院几位最知心的大哥哥大姐姐高长德、杨宏文、郑天庸、屠美玲、周继伟、李玉清等见证了我们的婚礼。这样一来我们就可以光明正大地回家住了。

没想到结婚后才几天，当时卧病在床的母亲就让妹妹向朱兵转达了这样一个心愿，希望能尽快为她生一个孙子。可我们那时实在无法满足她的心愿，一方面家里穷得只能维持温饱，另一方面我们要考虑我们在特殊情况下回了家，

二、边疆之行

结婚的合法
证明与定情照

未经原组织批准即结了婚。再要是生了孩子,回去怎么交代呀!"母亲,请谅解我们吧。"

在我们结婚之前,朱兵回了一趟武汉,见到了她阔别三年多的父母和兄弟姐妹。因为父母早已见过我,更愿意我们远在边疆彼此有个依靠,所以对结婚的事欣然同意,朱兵返回天津时居然还带了几件象征性的嫁妆。

艺海情怀——好人伴我一生

1973年春节与岳父母全家

我们婚后在天津住到了1968年5月份,又一起回到了武汉。除了与家人团聚,自然又见到了蒋国良。更让人高兴的是胡小玲、顾金燕等一批农四师六十六团业余宣传队的朋友们那时也都陆续地返回了武汉,大家欢聚在一起,今天玩东湖,明天游长江,忘却了许多烦恼。在那轰轰烈烈的"文化大革命"期间,我们真是一群幸运的逍遥派,物以类聚,人以群分,我们这些有自知之明的年轻人反倒落得个快活。

大约1968年9月份,我们接到通知,要求立即返回原单位"抓革命,促生产"。我们惜别了亲人和朋友们,

二、边疆之行

又是四天四夜的火车加上三天的汽车,无比辛苦地返回了农四师。果然不出所料,听说我们结婚了,单位要求我们出示合法的证据。于是我出示了结婚证,才得到认可。当时我们无处可住,只能各回原宿舍。当时,还多亏李吟梅把她住的单身土坯房让给了我们。因为她那时已调师部机关做广播员,得到了一些特殊照顾。为了表达感谢之情,我们邀请李吟梅在我们家搭伙,一起吃饭,直至转年(1969 年 4 月)我和朱兵下放"五七干校"。

这里漏掉了一个重要的内容,"文化大革命"期间由我导演的话剧《新时代狂人》在 1968 年年初,被判为反革命黑戏,所以我回去以后就被编入了"牛鬼蛇神"第三队,参加劳动改造。我每天朝夕相处的这些人都不是一般人物,其中就有身经百战的军人。他们述说着衷肠。感受到他们的人生百味,让我的情感世界又多了一份丰富的储备。我们每天除了劳动,其他倒也相安无事,只是我们的生活过得很艰苦。

那时候天津家里父母弟妹五口人只靠父亲被"削减"后的 30 多元工资度日,苦不堪言。所以我们夫妇要把一个人的全部工资寄到天津补贴家用,直至两年后父亲恢复原工资。那两年我们的小家是靠着每月添置一"小件"(如菜刀、铲子、炒菜锅……)"建设"起来的。即使这样我也没有忘记在新婚之夜妹妹转达的母亲的心愿,于

艺海情怀——好人伴我一生

是我和朱兵商量试着孕育下一代。1969年春节前后,朱兵怀孕了。孕检一经确定我立即给天津家里发了一封电报,据说这封电报就像一针强心剂使母亲的精神立刻大有起色。

1969年4月,师部机关宣布干部精减下放,我和朱兵都被下放到距伊犁市几十公里外的一个叫巴彦岱的地方。朱兵当时已经显怀,被照顾在食堂里帮忙择菜和做一些杂活。我则是要到大田里去劳动。那一段生活的最大好处是可以吃到新鲜蔬菜,最大的痛苦是我作为一个不吃牛羊肉的人完全见不到一点猪肉。在那种环境里毫无娱乐而言,为了增加一点生活的乐趣,我们自己盖了一间鸡舍,养了几只鸡,顺便给孕妇增加一点营养。

看到朱兵日渐隆起的肚子,想到我即将为人之父,但我的下一代却要降生在这茫茫戈壁之中……便不禁黯然神伤。再想到自己的未来渺茫,极有可能永远地告别艺术专业,更是觉得心有不甘。

多年前,在电视剧《越王勾践》首映发布会上,我曾经说过一段话,引得陈宝国、尤勇和编剧张敬哄堂大笑。我说:"我这一辈子没有什么特别的奋斗历史,只不过是我接住了天上掉下来的几个馅饼,吃得比较认真罢了!"

正当我在"五七干校"里对未来的一切感到茫然时,天上的馅饼掉下来了。一天我正在屋前的小饭桌上吃饭(这

二、边疆之行

是我在新疆几年唯一的家具），远处忽然走过来两个熟悉的身影，原来是我们在天津一同支援新疆的天津歌舞剧院舞蹈演员许炳记、马杰。他们在"文化大革命"之初就返回了天津，后经天津革委会与农四师交涉，确认我们调到农四师属于专业不对口，而天津为防止"牵一发而动全身"，又不能让我们返回天津原单位。恰好当时河南省驻马店地区文工团成立了，他们通过关系去天津歌舞剧院要求支援一些骨干力量，剧院就把许、马二人推荐给了他们。天津、河南、农四师三方一拍即合，许、马二人回来办理调动手续。打听到我也在这里，他们在由伊犁返回乌鲁木齐的途中便专门来看望我。见到他们我自然是喜出望外。这时他们问我愿不愿意去河南工作。我怎么会不愿意呢！能够离开这戈壁滩重新回到专业文艺团体那是求之不得呀，只不过我缺乏"折腾的能力"，也只能"等天上掉馅饼"。许炳记他们明白了我的意思后，表示到了驻马店后会反映一下我的情况。我感激地送别了他们。

真没想到他们走后不到十天的样子，师干部科就打来电话要我去办调动手续。我借了一辆自行车骑了近两个小时赶到师干部科。当得知我要调离新疆，机关里所有的人都向我表达祝贺。其实他们露出的更多的是羡慕和无奈的表情。我当然是小心谨慎地回应着，生怕哪个坏小子给我使个招，使我丧失这个机会。为防止夜长梦多，我托朋友

艺海情怀 ——好人伴我一生

找了一辆汽车,神不知鬼不觉地连夜直奔乌鲁木齐。我当时把我们家所有的家产——剧院为我做的箱子、在新疆做的一个小木桌和一块面板都带走了。

当晚与朱兵的告别是痛苦万分的,几乎像是生离死别。由于驻马店发来的调令只写着我一个人的名字,我无法为朱兵办理调动手续,也不能带着她一起走,我想只能到了驻马店再见机行事。由于朱兵不属于专职文艺干部,估计调动会有很大的困难,而目前又不能擅离农四师,朱兵只能原地等待。她当时已怀孕五个月了,将要一个人孤苦地留在这里,这让我心碎。朱兵生性乐观,我很少见她落泪,我作为一个男人更应该有泪不轻弹,而那天晚上我们俩抱头痛哭,哭还不敢哭出声音,生怕夜深人静惊扰了隔壁的邻居。我们相约,最迟产前一个月,无论如何,或驻马店,或天津,或武汉,我们都要在其中一个地方团聚。当我到了乌鲁木齐向天津家里通报这一消息后,父亲在电话那一边大声嚷嚷:"你怎么能把她一人放在那里?让她赶快回天津!以后工作不工作无所谓,我们养着她……"我无法向他解释,匆匆登上了列车。而这时,望着渐渐远去的天山,又不禁生出一丝怅然。

新疆,我像一个过客在这里小住了四年,其中不乏酸甜苦辣,但都瞬间而过。回想起来,这四年仿佛完成了我的社会大学。四年中,新疆的这片沃土给予了我丰

二、边疆之行

富的营养,使我在人生的道路上有了一个新的起点。正是这些感悟,也使我自己因未能向大家依依告别而感到内疚。

随着车轮的滚动,我告别了新疆。

三、借道河南

刘司令员

四天之后,我经郑州到达驻马店,在火车站受到文工团领导和许炳记、马杰的热烈欢迎。之后我才了解到驻马店地区那时被军管,革委会主任是军分区的司令员,叫刘振世。他是一位"三八式"干部,属文武全才,在抗日的战场上冲锋陷阵受过伤,也做过战士文工团的领导。他琴棋书画样样都能上手,直至八十多岁他躺在病床上还能把很多抗日歌曲背唱如流。由于他对文艺工作的偏爱,所以经他提议驻马店地区新成立了这么一个文工团,四处招兵买马,不拘一格选人才。当刘司令员听许炳记、马杰推

三、借道河南

2003年在郑州刘司令员家中

荐和介绍了我的情况之后,当即拍板,向农四师发出电报商调,这就是我为什么能那样快地办理调动手续的原因。

刘司令员真是求贤若渴。我到达的第二天上午,他就一身戎装,屈尊大驾来看望我。刘司令员一表人才,长得白白净净,谈吐中既有军人的果断,又不乏文人的儒雅。他询问了我的专业特长之后,问我会不会唱样板戏,我当即为他唱了一小段《红灯记》中李玉和的《提篮小卖》,他很高兴。谈话中,不经意间他看到了我房里的小饭桌和面板,于是问我:"你结婚了吗?"

我顿了一下回答:"我结婚了。"

"那你爱人现在在什么地方?"

"还在新疆!"

"你怎么没把她带来?"

"因为调令上没有她的名字,我怕把她带来给领导添麻烦。"

"那现在不更麻烦了吗?"

说完他思考了片刻,然后如同在战场上下达命令一般,对站立一旁的文教局革委会的领导说:你马上派人去给他爱人再发一个调令!老天爷呀!我眼前难道是观世音菩萨现身吗?我不由自主地晃了晃自己的脑袋,一切仿佛在梦中。

两天之后,远在边疆"五七干校"挺着大肚子正在择菜,心里默默算计着日子,想着如何苦撑苦熬才能挨过去的朱兵,突然听到喜讯:朱兵,你的调令来了!朱兵当时难以相信,当她跌跌撞撞地走进师部干部科办公室后,看到那白纸黑字的电报调令时,才敢相信这是现实。

为了腹中的孩子,为了避免三天汽车的颠簸,朱兵人生头一次乘飞机从伊犁抵达乌鲁木齐。几天之后,我们的小家安在了文教局新盖的大楼内。从戈壁滩一下子转入了城市,从土坯房一下子住进了楼房,房内有单位提供的崭新家具,简直就是一步跨进了"天堂"。

朱兵来后,刘司令员又来看望。此后我们家每添新人,如我的母亲来了、我的儿子出生了,刘司令员都要来看望。

三、借道河南

如此的大恩大德何以回报？于是我使出了浑身解数：一台晚会上，除了当导演、当报幕员、当演员主演小话剧，我还把在新疆练就的说快板、说对口词、说天津快书的本事都拿出来，有时再加上一段京剧清唱，整台晚会我有一半时间都在舞台上折腾，累得我汗流浃背。我想以此来报答刘司令员的知遇之恩。

那个年代工人阶级最吃香，我与朱兵商量之后，朱兵决定去麻纺厂做纺织女工，使我们将来整体的家庭成分能有所改观。

很快朱兵的预产期就要到了，在母亲的强烈要求下，借许炳记、马杰回天津探亲之际，请他们帮忙把病病歪歪的母亲接到了驻马店。1969年11月15日凌晨，我们的儿子降生了。

说起这个儿子的出生，我就不能不想起当时为他接生的驻马店地区医院妇产科的正、副主任。说来也巧，"文化大革命"中，行政及文教卫生等单位都驻有所谓的"军宣队"和"工宣队"。而我们文工团的"工宣队"队长，恰在不久前做过驻马店地区医院"工宣队"的队长。当他得知我爱人住进了地区医院妇产科病房待产时，便利用他的"工作背景"给地区医院打了一个电话，请他们关照一位名叫朱兵的产妇。于是生产那天妇产科的正、副主任亲自上阵，从晚上八点多开始一直守护在产床旁，直至凌晨孩子顺利降生。两位主任后来告诉我：朱兵生的是头胎，医生竭尽全力不让她身体受到多余损伤。因朱兵得到这种特殊的关爱我深表谢意，二十几年后，我和朱兵曾专程从北京去了一次驻马店，为的就是重温在那小城里的一幕幕往事。地区医院仍在，但经过改建已面目全非了。

我为儿子取名鲍刚，意在希望他刚正坚强。原以为"鲍"姓较少，鲍刚这个名字当属"稀有"，没想到若干年之后，在IBM公司工作的大儿媳林蕴杰告诉我，她在网上竟看到不少叫鲍刚的。不过令我自豪的是我的长子鲍刚确实人如其名，秉性正直，且比我更具有抗压能力。鲍刚二十六岁娶妻，亲家夫妇都是医生。而我这个儿媳也是唯一会在饭桌上爽直地提醒我说，"爸，您是不是吃得多了点"的人。真可谓医生的后代，当然也是对亲人的关怀。我特别要感谢她的是，考虑到我们也渐渐老了，她以长孙媳的身份，主动分担了关照我老母亲的一些事务性的工作。

鲍刚的出生，说来真是有趣。当我母亲见到这个大孙子时，竟一下挺起了腰板，将孙子搂入怀中。从那一刻起，长达十二年，这个孙子都是和她睡在一张床上的。当时朱兵在月子中，母亲也只是抱给朱兵喂过奶后，便又搂回她的怀抱。从此母亲的身体一日好过一日，直至八十九岁仙逝。而当年那些经常去病床前探望她的姐妹，却都在她之前作古。

三、借道河南

驻马店甜蜜的小康生活没过多久,转年,刘司令员奉调南阳。常言道:官大表准。随着新调来的领导的决策,文工团将要解散,取而代之的是要成立一个京剧团。由于早就得知驻马店囤积了一批文艺人才,不仅河南省歌舞团闻讯派人前来就地取材,就连邻省的一些文艺团体也赶来挖人。当时我们文工团周围的小旅馆一下子客满为患。驻马店人这才意识到他们的文工团原来藏龙卧虎,但一切大势已去。奇怪的是我不知为什么被河南省歌舞团选中,也许是我的声音感染了他们,总之,被他们"认准"调了过去。当时我很想借此机会调到离京津地区更近一点的地方,可省里规定本省优先选择,我只有无奈地服从。由于朱兵已变成了工人身份,不能随我调动,我们又变成了两地分居。而朱兵这次又是有孕在身,原因是鲍刚从六个月就被奶奶抱回了天津,他已成了奶奶不可或缺的强身剂。为补偿朱兵的思子之痛,我决定再要一个孩子。好像只要一怀孕我们就要分离,早知如此,不怀也罢。

在驻马店,除刘司令员外,还有一位让我感恩戴德的李秋萍女士。她时任驻马店地区文化教育局局长,三十多岁,是一位才女。由于她具体负责文工团工作,我有时会和她谈谈心,述说当时在文工团的苦闷和专业上的一些想法。李秋萍乍一看有些孤傲,但深谈下来就会感受到她内在的热情,让人感到一种"润物细无声"的满足。当我调到省会郑州以后,她看到朱兵一人挺着大肚子去路途较远的麻纺厂上班,而且还要三班倒时,出于女人的同情心,她将朱兵调到文教局所属的俱乐部工作。这前后我和朱兵都没有送过她一分钱。这和之后的一系列调动都展现了那个年代的纯洁。

送别刘司令员(左三为李秋萍)

从 1972 年 5 月直到我 1978 年考上中央戏剧学院,期间我在河南省歌舞团待了六年。这六年对我来说,是最平淡乏味的。我被阴差阳错半强制性地调进了歌舞团,除了去报报幕就是在男声小合唱里滥竽充数,有劲使不出来。不过待在歌舞团里也使我对歌舞相关专业,包括对乐队的编

三、借道河南

制、各种乐器的性能、歌剧的排练程序等有了更深刻的认识。俗话说"艺多不压身",正是因为有了这些资本,中戏毕业后,我才敢去导演歌剧,这是后话。

我们的第二个儿子鲍毅于1972年8月8日出生。1972年还在"文化大革命"期间,还是一个"极左"的时代,对"8"这个数字没有什么特别的感觉。36年之后的2008年正是他的本命年,他能以北京一家文化传媒公司老总的身份参与奥运百年圆梦中的一些重大活动,实是幸事。

与两个儿子合影

鲍刚与鲍毅取"刚毅"之意,是我们夫妇对他们的期望,两个儿子的成长应当说是令我们满意的。特别让我欣慰的是他们的性格中更多地继承了他们母亲的基因:开朗、爽直、乐观。我不希望他们更多地像我,活得太累!

两个儿子都已五十多岁了,在我的记忆中他们没有给我增添过什么负担。也可能与我从小对他们的教育有关:"长大了一切自力更生!"大孙女曾写过一篇作文,题名《爱操心的爷爷和什么都会的奶奶》,他们都知道我爱操心,所以经常是报喜不报忧,我心知肚明。偶尔在经济上因周转不开从我这里拿一点钱,日后也是如数奉还。

大孙女鲍海冉

有趣的是,鲍刚可能是受从事中医工作的岳父母影响,四十多岁开始自修中医。如今居然成了我们家庭半个保健医生,我们多幸福啊!

鲍毅娶妻袁莉,袁莉父母是浙江天台人,都是本本分分的好人。袁莉是音乐学院教授古筝的老师,是个生性直爽、

三、借道河南

大大咧咧的人。他们也生了一个女儿,我为她取名鲍春晓。这个孩子从小就只笑不哭,憨厚可爱。她三岁第一次随我上舞台,居然落落大方、毫不怯场。我们这一家人没有任何是是非非,不必为家庭琐事烦恼,我应该感谢每一位家庭成员。

我特别要感谢袁莉的父母,这对亲家总是希望他们的女儿能为鲍家生一个儿子。还真是天遂人愿,就在神舟

随爷爷拍摄《流金岁月》的小孙女鲍春晓

小孙女鲍春晓和爷爷在大梅沙

艺海情怀——好人伴我一生

孙子鲍春晖

九号飞船于2012年6月29日返回地面的那一天,我们"难产"的孙子鲍春晖有如神助般地、健康地来到了人间。

当年,朱兵母子在郑州休完产假之后只能返回驻马店。那时要调入省会城市是很困难的,当时省歌舞团内有相当数量的人是夫妻两地分居。最长者分居已有七八年之久(据说只有分居达八年以上者才考虑优先解决),苦海无边,何时是岸?就在几乎绝望的时候,我听说演唱队贾队长的爱人近日从山西某地调入郑州,我忙去打听。原来郑州恢复中小学教育正常秩序之后,急缺教师。故而分居外地的一方,只要是教师的,不管分居年限,破格调入。朱兵支边前在武汉做过教师,但如今的情况暂时不符合要求。而我又心有不甘,径直跑到省文化局去求助,得到的回答是这

三、借道河南

个调动归省委干部处负责。于是我像个没头的苍蝇,来到了省委大楼。看到一间办公室的门上挂着"调配处"的牌子,我贸然地敲了敲门,听到一声"进来"后我推开了门。房间里只有一个人,四十多岁,男性,很健壮的样子。他看了看我说:"有什么事?请坐!"那典型的胶东口音令我亲切,我一下子脱口而出:"老乡!"当他得知我也是胶东人后,一下子拉近了距离,我们攀谈了起来。原来他是转业军人,叫王洪志,眼下正具体负责调配教师的工作,当他听我说了夫妻两地分居的艰难生活状况之后深表同情。看着我苦闷的样子,王洪志突然说了一句:"只要当地能出具她是现职教师的证明,我就可以帮你办理调动。"听到这句话,我简直就像将要溺水身亡的人,突然抓到了一根救生绳,死不撒手地追问了一句:"真的吗?""没问题,你去办这个证明吧。"我大喘了一口气,握了握他的手,一步三阶地跳下了楼。我向团里领导请了假,连夜赶往驻马店办理证明。拿到证明后,我又跳上了返回郑州的车。一到郑州我就直奔省委大楼,气喘吁吁地将证明交给了王洪志。他看了以后就说了一句话:"你回去等着吧。"我真想再多多地拜托,但有些语无伦次。王洪志见状又补充了一句:"你放心吧。"于是我只有退出回去静等。说"静"可哪能静得下来呀!我就像热锅上的蚂蚁,坐立不安地挨过了七天之后,又去了省委大楼。王洪志的办公室里空无一人,我到隔壁打听,被告知他今天下午外出开会,会后不再回办公室而直接回家。憋了七天之后,我似乎连第二天再见王洪志都等不及了,于是追问王洪志住在什么地方。对方告诉我,他只知道王洪志的爱人是郑州西部六个棉纺织厂中某一个厂的纺织女工,王洪志就住在那个厂的某家属楼内。天哪!我去过那边,那六个棉纺厂连成一片,前后有几公里,我到哪儿去寻那某一厂的某一楼!而我当时竟像着了魔一般,转了三次公共汽车,到了郑州西部的纺织区。这时夜幕已降临,望着那黑压压的一片和闪烁着差不多颜色的昏暗灯光,我何从下"脚"?!思来想去我只有下笨功夫,我一个厂一个厂、一个楼一个楼,从晚上六点多一直打听到晚上十一点多。苍天不负有心人,踏破铁鞋终得到。按好心人的指点,我来到一座破旧五层楼的三楼,我轻轻地叩了叩门。当得知我要找王洪志时,屋内的女人扔出了一句话:"他上别人家串门去了,快回来了,你在楼下等着他吧。"我心中窃喜,急忙走下楼,站在路灯下向四周张望。觉得累了,我就蹲下靠着电线杆,既期待又焦虑让我忘记了饥饿。

  大约过了一个小时,我听到脚步声,接着是王洪志说话的声音。我一下子蹿了过去,大喝了一声:"王洪志同志!"那可是真的把他吓了一跳。当他看清是我之后,还没等我再说话就对我说:"朱兵的调令已经下去了,你怎么还没去搬家?"我一下子呆在那里,伸出的两手从他的肩胛滑落

三、借道河南

到他的双手。我用力地握着,千言万语只化作了两个字:谢谢!

这次我来不及向团里请假,就连夜乘火车返回驻马店。

当我们一家三口即将告别这小城时,太多的好人让我们留恋:刘司令员、李秋萍、许炳记、马杰,还有我在文工团时的同事们、朱兵在麻纺厂和俱乐部的同事们、地区医院为让朱兵顺产而守护了她一夜的医护人员们等。多年后,我们曾特意从北京去了一趟驻马店,去寻觅那令人怀念的踪迹,拜访老友,而最重要的是去感受那逝去的亲情般的温暖。

返回郑州的第二天,我拿着从驻马店带来的土特产——芝麻酱和小磨香油去了王洪志家。他爱人听我说明来意,坚决拒收,弄得我不知所措,放下东西夺门而出。转天上午,一位少女推开了我的房门,将一封信放在桌上转身就走了。我打开信,只见上面写着:"国安同志:我们是朋友,不必客气,今让小女送上十元钱,如不够再补,王洪志。"看着附在信中的十元钱,我不禁热泪盈眶。随之我又破涕自嘲:好啊,我做了一回小商贩,这么点东西就赚了两元钱。

以后,我和王洪志真的成了朋友。他为我们歌舞团和话剧团很多同志解决了两地分居的问题。这中间没有一丝一毫的金钱交易,有的只是友谊。而得到过他帮助的人大多也没过河拆桥,平时有人会给他送两张剧团的观摩票,

艺海情怀——好人伴我一生

每年春节都会有一群人骑着自行车去给他拜年。人们给他带点吃食,他也总要留大家吃一顿,喝一顿。

不知是那个时代的缘故,还是好人都让我碰上了,那几年在我和朱兵频繁的工作调动中,我们受到了许多关爱,却从未付出过金钱。这也使我养成了一个习惯,不屑于用物质手段去打通各种关系。数年后,当我在中央戏剧学院毕业被留校时,本来我的户口和档案都在北京,却长达六年未办成正式调动手续。当时有人暗示我用物质手段去打通关系,我硬是死扛。在事关前途的重大问题上,我采取了"悉听尊便"无所谓的态度。

然而乌云总会过去,又一批好人出现了。最终将年已四十的我作为"人才"引进,正式办理了调入学院的手续。在后来的日子里,譬如涉及我参演的剧目和我个人能否获奖的问题,也有人好心地劝我要送送礼、走走关系,我都一笑了之。我始终认为获不获奖不能说明任何问题,若干年之后,你的作品是否还有生命力,不以你当年是否获奖而定。因为当年的事会有很多非正常因素:人际关系、政治因素、学术派别以及个人的钻营,等等。多少年后,待这些因素消失了,真正的定评才会显现出来。所以对能否获奖不必太介意,不必急功近利。我这种秉性被有的朋友指为"是被太多的好人惯的"!

说到这里,我突然想发一点感慨。上官云珠、蓝马、

三、借道河南

石挥是中国拍摄第一部电影以来的男女演员中我最崇敬的三位。他们既有天赋又很努力，不算漂亮但却极具个人魅力。他们的表演很有张力却不露痕迹，朴实无华却能冲击人的心灵，都属于能演多面人却永不失自我的大师级表演艺术家。

上官云珠演过《万家灯火》《一江春水向东流》等很多20世纪30年代上海正反面女性人物，她演得那样妩媚、光彩照人。在中华人民共和国成立后上演的红色电影《海岛风云》中，她成功地扮演了一位既充满着母爱般的慈祥又坚韧果敢的女游击队员。

蓝马不但在《万家灯火》中将一个在上海战乱年代中善良而无奈的小职员不露声色地刻画得淋漓尽致，又在中华人民共和国成立后上演的红色电影《万水千山》中，将一位红军高级将领塑造得十分纯朴，散发着人性的光辉。

石挥自导自演的一部电影《我这一辈子》，更是堪称经典。他那娓娓道来却又入木三分的导表演，看过十遍也仍令人叫绝！据说，石挥在20世纪30年代的上海享有"话剧皇帝"之美誉，但在《我这一辈子》的表演中，却完全看不到戏剧表演的痕迹。这是很难得的。说到这里还有个小插曲，当年我在天津人艺随团去天津杨柳青演出时，碰巧就被安排住在石家大院里。当时只是有人随意说了一句，这是上海一位老演员的家。岂知若干年之后，当看了电影《我这一辈子》,我才恍然大悟:我曾经住过的石家大院,是这样一位伟大表演艺术家的故居啊!

这三位大师一是令我崇敬;二是在他们的有生之年,都没有什么特殊的地位,更没有获得过什么褒奖,远远不如他们同时代的,今天看起来在艺术成就上远不如他们的一些同行那么风光。但他们三位的艺术成就是不朽的!

回到郑州,朱兵很顺利地被调到郑州市金水区文教局,本以为报到之后会被分配到下属某学校工作,但当有关领导看了她的档案并面见了她本人之后,决定将她留在文教局教研室工作。朱兵又遇到了一个伯乐。从此朱兵开始负责和督导金水区小学音乐、美术的教学研究和幼儿园的教学管理工作,这一工作,她干了长达十四年之久,屡获先进工作者称号。在这十四年中,教研第一线的工作锻炼了她的专业才干和组织能力,为她后来调入中央戏剧学院教务处工作奠定了基础。

这个阶段我结识了一生中第二位对我很重要的男朋友,对我后半生命运改变给予重大影响。他就是由中央戏剧学院在"文化大革命"前分配到河南省话剧团做演员,我至今都称为老大哥的赵二屏。

开始时是因为我不安心在歌舞团工作,经常到隔壁的省话剧团看排戏。无意中与赵二屏攀谈,我们竟一见如故。他当时和爱人缪锦秀得知我的苦闷后就说:"来给学员们上

三、借道河南

上课吧。"我于是欣然应允。从那时起,我们两人无话不谈,脾气秉性相投,我们两家的友谊从大人发展到孩子,直至今日。

1978年,国家全面恢复高考。6月的某一天,我正在武汉照料摔伤的岳母,赵二屏突然跑到我们家:

"鲍国安呢?"

"去武汉了。"

"快让他回来!"

"什么事?"

"中戏导演系正在郑州招生,我帮忙做监考,我感觉郑州的考生都不理想,你赶快让鲍国安回来试试,这是个机会,中戏从成立到现在头一次在郑州设考点。"

说完他匆匆离去。

朱兵立即跑到邮局给我打了一个长途电话。岳母听到这个消息之后,让我不要管她,赶快回郑州参加考试。因岳母曾在香港电影厂工作过,对演员这一行也有所了解,她竟跛着腿从报摊上为我买了一本杂志,指着里面一篇黄宗英的散文对我说,这篇散文不错,你到火车上抓紧看一下,最好背下来,考场上可以读给考官们听。我都三十二岁了,真是"可怜天下父母心"!

不顾一夜的旅途疲劳,我下了火车就直奔考场。考场设在省戏校的排练厅,就在我们家隔壁,倒也方便。当时

艺海情怀——好人伴我一生

中戏派来的考试小组是由徐晓钟、张孚琛和高英三位老师组成的。当天下午就考了我的自选小品和即兴命题讲故事，规则是每项都不超过十五分钟。做小品和讲故事，考的是想象力，其实更重要的是对生活的观察和把握的能力。想到生活，最先涌入我脑海的，自然是新疆那一幕幕往事……

我先做了一个题为《天山上的红花》的小品。内容大致是我在边境巡逻时发现地雷，然后奋不顾身地去排雷，多少有些戏剧化。

考试小组给我出的命题讲故事的题目是《风雨之夜》，考虑时间是二十分钟。由于旅途的疲惫，一夜未合眼的我脑子里总是乱哄哄的。加上对前面的小品自己也不满意，一边懊恼一边构思命题故事，让我感到有些想象枯竭。正焦头烂额的时候，突然一个名字在我脑海中闪现——万忠！这个名字的出现一下子让我热血沸腾，思如泉涌地冲开了我想象的闸门。

叫到我名字的时候，已经下午五点半了。我已是当天的最后一名考生。考官们本以为我讲完之后他们可以从从容容地回到宾馆吃晚饭，岂料到我竟饱含热情、绘声绘色、声泪俱下地把跛腿的万团长扣在《风雨之夜》的题中足足讲了近五十分钟。我听前面的考生讲故事，有时不到十分钟，考官就会打断说：可以了。此时万团长的人格魅力竟让考官们也难以抗拒，他们毫无怨言地听我大大超时地讲

三、借道河南

完了最后一个字。第二天再见面时,张孚琛老师笑呵呵地对我说:鲍国安,你昨天让我们回去没吃成晚饭,三个人只吃了一个西瓜。我抱歉地笑了笑。

紧接着是连续三天的政治、语文、文艺常识、作品分析笔试。除了过去的积累,现在也只能临时抱佛脚了。恰逢朱兵当时正在参与河南省艺术院校的招生考务工作,她近水楼台地拿回了一些有关的历年考题和复习资料。那几天我每日凌晨五点起床背资料,晚上就连我洗澡的时候,朱兵还要在一旁帮我,她问我答,抓紧一切可以抓紧的时间。6月份的郑州已非常热,我因疲劳上火,口舌生疮、毫无食欲,每天只能以西瓜充饥。好在平日的积累和最后的冲刺,最终,我的笔试全部及格。

当时,我已三十二岁了,本没有在这一生中再上什么大学的奢念。是赵二屏大哥的"忽悠",勾我做起了黄粱梦。从考完那一刻起,我度日如年,时常去赵二屏的家里,靠与他聊天排遣。后来我想,赵二屏大哥肯定"恨"死我了,早知不告诉我考戏剧学院的消息了,害得他现在得整天陪着我聊天。的确,赵二屏当年的一言相告值千金。他的无私,他的真诚,尤其是在我焦虑地等待中央戏剧学院通知的那几个月中,他毫无怨言的陪伴、理解和宽容,使他成为伴我一生的好人系列中极具重量的一位。在以后多年的相处中,我试图以一些行动来回报他,然而,我越来越感到难以完成等量的回报。

艺海情怀——好人伴我一生

与赵二屏在电视剧《人间正道》中

当然,在这一段日子里陪伴我的还有我的妻子。她平时快言快语,那时却变得说话谨慎。我想她可能是了解我的性格,不愿在这个特殊的时期说出什么让我不愉快的话。我们当时的家,楼上楼下各有一间房子,楼上是卧室,楼下堆杂物。有一天夜里我在楼上看书,感觉朱兵很长时间没上来。于是我走下楼,发现我们楼下的房内亮着灯,我轻轻推了推门,里面反锁着。我侧耳听了听,偶尔有轻轻的脚步声。我疑惑了,不可能是别人,只会是朱兵在里面。当时已是夜里十一点多了,她在里面干什么呢?我轻声地敲了敲门,朱兵听到是我的声音之后开了门。我一进屋,发现小床上放着一床缝了一半的新褥子,我诧异了。

三、借道河南

我凝视着她，不解地问："天越来越热了，大半夜的，你明天一早还要上班，忙着做这个干什么？"

"你突然要走，我怕来不及做。"

"我上哪儿去？"

"你说呢？"

望着她，我追问了一句："要是考不上呢？"

她看了看我，转身边拿起针线边轻轻地说了一句："你能考上！"

我一下子明白了，她之所以变得少言寡语，是意识到我们将再一次分别，而这一次分别的时间要远远长过前两次。对这次分离，她是那样的深信不疑，她按照自己的坚定信念，为她将要去深造的丈夫默默地做着行前的准备。不过以她的本意，她不想让我发现她的这些举动，以免增加我的心理压力，但我还是发现了。

好在不久后的一天，我终于接到了中央戏剧学院的通知书。

1978年的夏天，中央戏剧学院因发生火灾将开学时间推迟了一个多月。我记得很清楚，国庆节的晚上，我才接到北京的朋友来电话，告知通知书已经发出几天了。我焦急地去团里打听，团里说没收到。10月2日的上午，我跑到省文化厅，因为是国庆假期，只有少数人值班，恰好我认识的人事处处长在，他一见我就问：你是不是来领通知书的？我忙答：是。于是他带着我上楼去他的办公室。我的心跳骤然加速，因为我还不知道，我是被录取了还是没被录取。人事处处长的那种淡然态度令我忐忑。处长随意地打开他的抽屉，取出中央戏剧学院的信函递给我，我发现信函封口已被剪开。不知为什么我犹豫了一下，却没把里面的信抽出来，我望着处长，轻声地问了一句："我是不是没被录取？"处长愣了一下又很随意地说道："怎么，你还不知道？"这个回答真让我茫然。于是，我只有把信抽出来慢慢地打开："……天啊！"

这时的处长，已经准备锁门下楼了，我赶忙随他退出办公室。我恨不能一步跨到楼下，在大街上狂奔。但此时我只能压抑住自己，随着处长的步伐缓缓走下楼梯。直到分别之前，处长才又淡淡地说了一句："祝贺你！"我知道，处长是见多不怪了。

我冲出了省文化厅，飞奔在金水大道上，不时还忍不住地吼上一声，完全不顾路人的反应。当我推开房门见到朱兵时，竟气喘吁吁地说不出话来。当时她手里正织着毛活，抬头看了我一眼，也只是淡然地问了一句"录取了？"看我点了点头，就又去织她的毛活了。

望着她的这种反应，我在兴奋之余又生出几分酸楚……

真是巧合，我要去上大学一年级，我的二儿子鲍毅将要上小学一年级，她们母子二人又将相依为命了。说起那

三、借道河南

以后的几年,更不知要感谢多少人。朱兵在郑州市金水区教研室负责全区幼儿园的音乐、美术、教学研究工作,整天往各个学校和幼儿园跑,组织各类公开课及各种大型活动,忙得四脚朝天。更要命的是她还要经常带着老师们到外地学习取经。于是鲍毅就经常被寄宿在不同老师的家里,吃不同老师家的饭。

有时说起来,我真羡慕现在的大学生,每周休息两天,还有五一、十一长假。不过,我们那时即使有这些假期也难以回家团聚,一方面是学习紧张,另一方面是除了紧巴巴的几个吃饭钱,其余所剩无几。每月能够抠出几个钱儿,我也都买了书。

从天津到新疆,从新疆到河南,从河南又回到了北京,我绕着大半个中国在而立之年不久后,走完了自己曲线的前半生。回想起来,在这前半生中,有一双无形的手在推动着我上这儿上那儿,还有更多双手给予我慷慨无私的帮助。

我的后半生也总是"天上掉馅饼"。

天上不仅掉馅饼,还有仙人下凡助我解难。举个例子,我这多半生中,没怎么丢过东西,最大的一次事故发生在北京同仁医院挂号大厅的大门前。当时,我等候我妹妹前来一起去看病,鬼使神差地顺手将我的黑色手提包挂在了大厅正中央的门把上。看见我妹妹来了,急忙迎了上去,因

艺海情怀——好人伴我一生

为预约医生的时间已经过了,我们边说边急匆匆地上了二楼。当我坐到医生检查的椅子上后,才突然想起我的手提包。我不顾一切地飞奔下楼,远远地就望到那个门把手上已空无一物!当时我几乎要瘫坐在地,我的手提包里从来没有如此集中地装着那么一大堆重要物品,除了钱包、身份证、存折、驾驶证、房门钥匙、汽车钥匙等,最要命的是还装着我刚刚购置新房的发票。购房发票是将来办理产权证的依据,人家一再叮嘱遗失不补。

我当时真感到绝望了。其实谁都知道,在医院很容易丢东西,放在衣服里的东西都能被窃取,何况我这黑色的手提包简直就像在最醒目的地方给小偷贴了一张告示:朋友请你来拿吧!

这时跟随我身后跑下来的朱兵四处张望,突然她奔向远处的导诊台,我不抱希望地跟了过去。只见护士听了朱兵的问询之后,不慌不忙地从下面取出了一个黑色的手提包。我惊愕了,怎么可能?!我忙把手提包取过来打开,里面没有丝毫翻动的痕迹,所有的东西一样不少。也就是说,有那么一个人,他无意中看见大厅正中的门上挂着这么一个黑提包,他把它取下来,看也没看,翻也没翻,就径直走向导诊台,交给护士小姐,然后消失在茫茫人群之中……依我这样的想象思路,这人不是"星外客"就是神仙下凡。当然这只是个比喻,我真正要寻觅的还是现实生活中的这位好人。

四、大学生活

与恩师和同学（后排左二为鲍国安）

仿照高尔基的说法，我在新疆的四年是我的第一个大学生活，那是社会大学。而我在中戏，自然是纯学术的大学生活。经历了"十年浩劫"，所有的学生都分外珍惜这来之不易的学习机会，就像嗷嗷待哺的婴儿拼命吮吸着老师

艺海情怀——好人伴我一生

与同窗好友李保田

们的"乳汁",大家几乎没有星期天、没有节假日,经常上课至深夜一两点,有时甚至通宵达旦。我们的几位男专业老师经常半夜下课回家被师母拒之门外,今天说起来似乎不可思议。

我所在的是导演师资进修班,专业课既有导演课也有表演课,还有大量专业基础课、史论课、艺术欣赏课以及各种专题讲座课。在那几年的学习中,学院为我们安排的师资力量绝对是强大无比的:教学组长徐晓钟、马彧;专业老师罗锦鳞、张孚琛、郦子柏、李世敏;史论课老师孙家琇、廖可兑、丁扬忠、晏学、邓世环;还有从中央美院请来的讲美术史的程先生(我只记得他是程砚秋先生的儿

四、大学生活

与恩师合影（前排右二为丁扬忠、右三为马彧，后排左二为徐晓钟、左三为罗锦鳞、右二为李世敏）

子，记不得他叫什么了）……如此众多专家级的恩师，引导着我们在戏剧的海洋中遨游。

当年的"中戏"和今日的"中戏"相比，可称得上是袖珍学院。就棉花胡同那么"一亩三分地"，可那确是风水宝地呀！我在那里学习、工作、生活了那么多年，汲取了那么多的营养，感恩于那块土地，却怎么也没想到它所处的南锣鼓巷——当年一条不显眼的小巷，如今竟成了人头攒动的"游览胜地"。

紧张而有序的学习生活很快就进入大戏排练阶段，它将全面展现前两年的教学成果。教学小组确定的毕业剧目是莎士比亚的《麦克白》。

艺海情怀——好人伴我一生

记得我第一次读剧本时,不夸张地讲,简直像看天书一样。那个时代的我们有一个最大的问题,就是从小受着"左"倾和概念化的教育的影响,对人性本质的探寻浅尝辄止,从不敢越雷池半步。在我们的概念里只有好人和坏人两个极端,好就好得出奇,坏就坏到极点。这就造成了我们的情感世界既单一又模式化,深深地阻碍着我们去体验和感受人性中浩如烟海的丰富情感。在此,我要特别怀念当时已年近八旬的孙家琇先生。她曾留学英国,是"莎翁"专家。她在"文化大革命"时期,扫厕所挨批斗,劫后余生。这位老太太,讲起课来底气十足,莎士比亚的所有作品她几乎倒背如流。一个《麦克白》,竟讲了七天。她深入浅出、既有哲理又饱含丰富情感的解读,开启了我们通向莎士比亚及其作品《麦克白》的大门,也帮助我们打开了自己的心灵世界。我们从来没有感受过人性世界如此之丰富多彩!莎士比亚对人性准确、丰富、极为到位的绝妙刻画,令人惊叹和陶醉!

我记得孙先生的这一次讲课正值盛夏,老太太站在讲台上口若悬河,一讲就是几个小时。我们坐着,她站着。我们听,她在讲。听者全神贯注,讲者娓娓道来。仿佛我们在茫茫人海之中正感叹苦海无边,突然遇到一位高人,将我们一把拎到那美丽丰富的世界,让我们尽享大千世界的美妙绝伦。要知道,在那样的一个时代,能遇到这样的高人对我们有着非凡的意义。

当我们明白了《麦克白》是在写什么，我们的创作激情犹如火一般地燃烧起来！

我们是导演系的学生，经过了两年的磨炼，每一位同学都希望自己能在所分到的《麦克白》某单元中，一展构思和导演的能力。但事实上在这个戏的排演中，我们既要做导演，还要做演员。而谁如果被指派扮演麦克白这个角色，他将无法再去训练自己导演的能力。莎士比亚淋漓尽致地刻画了麦克白，使得这个角色在三个多小时的演出中，近乎没有喘息的机会。我"不幸"地被选中了。

在前两年的专业课学习中，我们主要是通过小品和片段的形式循序渐进地掌握导演的诸种能力。在小品或片段的排练过程中，作为导演的那个学生，要分别请几个男女同学来扮演他小品或片段中的某个角色，以体现他的构思和导演能力。而我从一开始就得到了很多同学的青睐，往往在全组的十个同学中，我要为七八个同学导演的小品或片段当演员，累得我四脚朝天。所以，当毕业剧目《麦克白》将要排练时，我一是想在最后的阶段把自己的导演能力再跨上一个台阶，得以胜任毕业之后的导演工作，不愿因扮演较重的角色而分神；二是对"莎翁"笔下麦克白这个经典人物，充满了敬畏。

艺海情怀——好人伴我一生

《麦克白》剧照

与麦克白夫人

但是，最后老师和同学们的一致意见还是让我扮演麦克白。有关《麦克白》的角色创造，我曾写过一篇文章题为《一次艰难的创作》，发表在学院的院刊《戏剧学习》上，此文附在本书后面，这里不再赘述。而在这里不能不追记的是在整个排演过程中，老师和同学们所给予我的厚爱。

四、大学生活

谢幕合影(二排左二为金山、右三为孙家琇)

麦克白这个人物塑造的成败,自然关乎全剧的成败。老师(总导演)和三十几个同学(三十几个分场导演)都在我身上铆足了劲,他们都希望我以最好的状态呈现他们的构思。从早晨至深夜,我从一个教室转到另一个教室,接受这三十几位导演的"调教"。这个戏倾注着全班师生的期望,期望着最终的皆大欢喜。

今天回想起来,"同学"这个词和"同事"不一样,其中包含了太多纯洁、友情和友爱。彼此之间多帮助、少猜忌,共同的利益使大家心往一处想,劲往一处使。同学们看到我的辛苦既心疼,又不愿放弃他们一点点的构想,他们把对我的要求写在一张张小纸条上,夜里轻轻放在我的枕边,希望我早晨醒来时能看一看。同时他们也把一兜兜的水果、糕点放在我的床头，这让我热泪盈眶。后来，他们竟从班费里拿出一笔钱为我购买了高级滋补品……

全班师生历经半年多的艰苦奋战，终于让《麦克白》站在了首都的舞台上并获得了出乎意料的成功。这时候，我简直成了全班的宠儿，好似一个为大人们脸上争了光的孩子。岂不知，正是这集体的智慧、集体的力量、集体的无私、集体的关爱造就了我，也成全了我。没有《麦克白》，我不可能被中国戏剧界了解；没有《麦克白》，我不可能寻觅到开启人物心灵世界的钥匙；没有《麦克白》，我不可能探寻到感受和体验人物内心世界的独特方法；没有《麦克白》，我不可能毕业后留校任教；没有《麦克白》，我甚至都不可能在后来中央电视台摄制的八十四集电视连续剧《三国演义》中扮演曹操；没有《麦克白》……

很多往事至今回想起来仍让我怦然心动：排演中我的脚崴了，肿得无法走路，一位同学坐在我的床头，彻夜不眠为我用酒精活血。第二天，时任院长金山老师派他的秘书、如今的大导演沈好放提着慰问品到宿舍看望我……

就是这许许多多关爱的力量，才使我有可能战胜自我、超越自我。

前不久我和朱兵漫步在什刹海，走过银锭桥时我突然意识到前方不远的一条胡同里就是孙家琇先生的故居，往事又涌上心头。那是在《麦克白》的排练过程中,有一天已是夜里九点多钟了,我从排练场回到宿舍之后一直为一段戏找不到感觉而苦恼。想来想去突然产生了一种想要马上见到孙家琇先生的渴求。于是竟贸然地走出校门,在黑夜中摸索着敲开了孙先生的家门。孙先生听我说明来意之后非常热情地把我带进了她的书房,就我所提出的问题深入浅出、循循善诱地讲到深夜十一点多。她送我走到大门口,当我向她道别时,望着路灯下她的脸庞,突然感觉她很像我的妈妈,真想上前拥抱她,但我克制住了。

第二次去她家,大约是两个月以后了。《麦克白》公演之后获得很大成功,首都文艺界给予了很高的评价,时任英国驻华大使和夫人观看了演出,英国《泰晤士报》也载文给予很好的评价。为了庆贺这一切,孙家琇先生在她居住的四合院里举办了一个冷餐会,邀请我们全班师生出席,令我们感动万分……

几十年过去了,孙先生的音容笑貌历历在目。毋庸置疑地说,孙先生是我艺术人生中里程碑式的恩师!

《麦克白》的毕业演出结束之后,我们并没有毕业,接下来是毕业实习。所谓毕业实习,就是每一位同学都要到一个剧团里独立地导演一台话剧。大部分同学是返回原单位实习,而我的原单位不是话剧团,再加之我有意毕业后跳槽,就请朋友帮助联系了武汉空军文工团,剧目确定为

《李宗仁归来》。没想到，待我做完了充分的案头准备工作，抵达武汉空军文工团后，却被告知总政有令，部队文艺团体不准排演《李宗仁归来》，我一下子慌了手脚。我们的实习时间是有限的，部队文工团的特殊要求使我很难在短期内重新确定实习剧目。就在这时，我的一位在武汉军区胜利文工团的同学陈瑞龙帮了我的大忙。他帮我联系上湖北宜昌地区文工团，得知他们那里正要排演一部名为《猎狼》的话剧，欢迎我去做导演。天上又掉馅饼了！

到了宜昌以后我才知道，《猎狼》本已确定由该团自己的导演陆栋元指导，听说我的情况后，陆导主动表示将他亲自从外地拿回来的剧本让给我做实习剧目。我为此感动且不说，在宜昌地区文工团大约三个月的实习工作中，无论是工作还是生活，我都受到了全团上上下下、男女老少的关怀和帮助。团领导鼎力支持，拨出充分的预算，各个部门通力协作，演员们给予了我充分的配合。被子脏了有人洗，天冷了房间里随时有人来加炭……

陆导是我终生难忘的朋友。他不仅无私地把导演的位子让给我，还时常把我拉到他家里打牙祭，使我和他们一家人都成了朋友。

四、大学生活

与宜昌话剧团导演陆栋元

我圆满地完成了实习任务,学院派郦子柏老师飞抵宜昌来验收我的实习剧目。团领导很给我面子,不仅好吃好喝地接待,晚上看完演出之后,还安排郦老师和我住进了宾馆的双人间,由团里承担这些费用。其实我知道,这个团那时在经济上已经很紧张了。

晚上躺在床上,郦老师在被窝里突然对我说了一句:"国安啊,你可得经受一下考验!"我一下子紧张起来,以为郦老师要对我导演的实习剧目提出什么尖锐意见,连忙说:"没关系。"我忐忑不安地等待着郦老师发话,十秒、二十秒,大约一分钟过去了,只听郦老师突然鼾声大作,有如"惊雷"一般,震得我脑子发蒙。但我却一下子释然了:经受考验,原来如此！

返回学院之后，进行毕业总结。一天，院办通知我，阮若珊副院长要我去谈话。谈话的内容是我没有预料到的：院里决定让我毕业后留校任教。我后来知道，这主要是金山院长的意思。

说起金山院长，我和学院大多数师生一样，对他的《夜半歌声》和《风暴》很崇拜。

《麦克白》公演之后，据金山院长的秘书沈好放后来告诉我，金山院长边看戏边对他说："这个演员，早晚会创造出一个让观众难忘的角色。"我必须坦言，没有金山院长我不可能毕业后留校。因为我们是调干生，虽说户口已随入学迁往北京，但调动手续还是有些难度的。除了前面所说的人为因素之外，这也是我从1981年毕业直至1986年才办完调入中戏手续的原因。

我在这五年中，处在"自由人"的位置。河南方面经学院派人协商后，同意放我。学院正式手续一下子办不成，为我发临时借调工资。我没有教学任务，五年间参加了学院研究所《天国春秋》《安娣》《李尔王》三个大戏的排演。令我自豪的是，学院重金兴建的实验小剧场的揭幕演出就是我主演的《天国春秋》，我扮演杨秀清。

四、大学生活

话剧《天国春秋》剧照（右为项堃）

话剧《安娣》剧照

　　这五年间我开始一次次"触电"。1983年在珠影刘洪铭导演的电影故事片《山下是故乡》中我扮演男主人公——农民常茂。那又是一次艰苦的创作。

　　这二十几年来，我时常暗自"抱怨"，我怎么就没摊上一部舒舒服服的戏？！

　　为了第一次"触电"，为了能演好一个普通的湖南山区农民，我向导演请缨，一个人先行到外景地湖南攸县的山村里深入生活。我真感谢那里的老乡们，他们热情地接待了我，腾出他们最好的房间让我住，尽可能地给我做好吃的饭菜，手把手地教我在水田里驾牛犁田，夜里坐在油灯下陪我唠家常……

　　虽然，我的脚被蚂蟥咬烂了，全身被跳蚤咬得布满了奇痒难熬的红包，吃不好睡不好，日渐消瘦，但是我心里

113

艺海**情怀**——好人伴我一生

扮演农民常茂

演这场戏要在水里泡一天

非常高兴。我到村里后,根据剧组的造型,我已剃成了农民的小平头。半个多月的摸爬滚打下来,脸晒黑了,胡子拉碴,和当地的村民模样上没有差别,不知道的居然把我当成本地人,怎能让我不窃喜。今天再看我常茂的剧照,不管当时演得如何,模样上谁也不会否认那就是个普通的农民。

这次创作,让我给自己定下了一个要求:人物的创作,要朝着脱胎换骨的目标去努力。诚然,在以后的创作中,除了《三国演义》中的曹操,其他人物的塑造由于客观和主观上的原因都只是浅尝辄止。

第一次"触电"电影之后,转年就"触电"电视剧。这里非常感谢我们的校友，如今也是大导演的张新建，他亦是《闯关东》的导演。张新建第一次独立导演的九集电视连续剧是《宋江》，在负责选演员的副导演不看好我的情况下，他坚持选用了我。那又是一次非常艰苦的创作，同时也是一次非常愉快的合作。

与电视剧《宋江》导演张新建

我本是山东人，因此剧，我第一次回到了山东。尤其是到了胶东地区拍摄时，听着人们都说着我从小听惯了爷爷奶奶说的那种乡音，真是舒服透了，我感到周围似乎都是我的爷爷奶奶！

当时剧组吃住的条件都很艰苦，没有什么经费，只有一点可怜的补助费。不是笑话，我因当时

"宋江"发配

艺海情怀——好人伴我一生

抽烟零用还向剧组借过钱，拍摄半年到关机结账时，扣除应发的补助费，我倒欠剧组两百多元。当时因工作强度大，我日渐消瘦，这可急坏了导演和制片主任。因为宋江在《水浒传》里的外部形象应当是个黑矮胖子，制片主任就不断给我买营养品，而我却怎么也胖不起来。于是制片主任又指派搞服装的张丽每天给我煮鸡蛋，帮我洗衣服……

有一天，刚刚吃过晚饭之后，马上要拍官兵追捕宋江的戏。导演指导我，逃跑的速度要快，能跑多快就跑多快。而当我拼尽了力气跑下来之后，便开始大口地呕吐。从那之后只要一吃东西胃就隐隐作痛，几十年来吃了各种品牌治疗胃病的药，也始终未能根除。而唯一能让我在胃病发作时缓解疼痛的"良方"，是我的两个孙女，这是后话。

遗憾地说，全剧拍摄结束，我也没能胖起来。但是，我与山东电视台电视剧部的情谊一直延续至今。之后，我又与山东电视台张新建、王文杰、唐敬睿等导演多次合作，在电视剧《人大主任》《开创盛世》《大槐树》《闯关东》《孔雀东南飞》中扮演重要角色。每次合作都是那么的愉快。尤其是2006年张新建执导《闯关东》，邀请我扮演一个小人物——"鲜儿她爹"，一个倔强的山东老汉，使我这个闯关东的山东后代有机会在荧幕上展现自己祖辈的风采。

四、大学生活

与数度合作的导演王文杰合影

在电视剧《人大主任》中饰人大常委会主任齐恒寿

在电视剧《开创盛世》中饰隋炀帝,左一为演员孙菲菲

艺海情怀——好人伴我一生

在电视剧《大槐树》中饰朱元璋,左一为演员陈好

电视剧《闯关东》中饰鲜儿她爹

在电视剧《孔雀东南飞》中饰刘父,右一为演员萨日娜

四、大学生活

在这五年中，我还应原北京军区某部之邀，执导了我唯一的一部电视剧《侨乡月丰盈》，其中的主题歌是蒋大为唱的，后来由董文华唱红，就是那首《十五的月亮》。

另外，我还应邀为吉林市歌舞团执导了歌剧《王府怪影》。在这些集体中，友情和关爱永远留在我的记忆之中。

1986年，正当我第二次应珠影之邀，在天津参加电影《决策》的拍摄时，得到学院人事处通知，新一届院领导和人事处已同意我调入学院，可以正式办理调动手续了。

这里不能不先回忆一下《决策》的拍摄。

1986年初夏，因为我的行政手续还在河南，应省文化厅王南方厅长的邀请，我在河南省戏剧研究所办了一个表演培训班，我拉上了赵二屏共同承担教学工作。培训班办得有声有色，报名的盛况可用"人山人海"四个字来形容。我和赵二屏为这个培训班创作了一部四幕话剧《卖烧鸡的兄妹》，主要是讴歌当时年轻的个体工作者自强不息的奋斗精神，具有很强的喜剧色彩。这是我一生中唯一编创的剧本，可惜底稿在搬家时遗失。当时参与这部戏演出的学员，有不少就是个体户，我们鼓励他们从自我出发，就使用河南地方方言进行剧本创作。他们听取建议，在实际演出活动中演得活灵活现。郑州市个体工作者协会对这个戏很感兴趣，连包几场，组织个体工作者观看，《郑州晚报》还做了有关报道。

艺海情怀——好人伴我一生

在电影《决策》中与田华老师演母子

《决策》开机与央视阮若琳副台长（左三）

正在这时我突然接到"珠影"一位副导演的电话，说陈鹰导演要拍一部叫《决策》的电影，让我去试一试男主角。我的赵二屏大哥总是慷慨无私，遇到这种情况他绝对要说：

你去吧，这里我盯着。于是我就把这一摊子甩给了他，奔赴广州。

到了广州之后我才知道，电影《决策》是由中央电视台出资，委托"珠影"拍摄的。内容主要是反映天津军民"引滦入津"工程中的先进事迹，我要试演的是以当时天津市委书记为原型的一位市长。

我一试即成。7月初在天津与《决策》剧组会合。一到剧组，让我有很多惊喜。

著名演员田华老师演我的妈妈。时至今日几十年过去了，我们见了面，我总要喊她一声"老娘"，她总要叫我一声"儿子"。

我过去经常在"八一"厂出品的电影中见到的两位老演员——李长华、邢吉田将与我有很多对手戏，他们都是那样的和蔼可亲。

我在天津人艺的老院长赵路以及天津人艺的很多老师如颜美怡、毕耕、肖林、王淑珍、刘庭芳、郭大兴等都在片中出演角色，分别二十多年，自己仿佛又回到了天津人艺，颇多感慨。

在天津的开机仪式上，我见到了该片监制，时任中央电视台副台长的阮若琳，由于她是我们阮若珊副院长的妹妹，自然感到格外亲切。

在天津拍摄的很多外景地都是我儿时常去的地方，尤

艺海情怀——好人伴我一生

其是"黄家花园"一带,是我中、小学的所在地,我在那一带生活学习了七八年。如今我将在那一带的小洋楼中创造电影中的人物,如在梦中。趁此机会我还去第 61 中看望了母校的老师们并和同学们见了面。

为了帮助我找到"市长"的感觉,天津市委居然同意为我们在市政府大楼内提供一间某副市长的办公室作为内景拍摄地。说老实话,一进到那种环境里,那感觉真是好极了。

天津市委为我们的拍摄方方面面都给予了巨大支持……

某天夜里九点多,一辆黑色的小轿车停在剧组的驻地,导演拉上我和田华老师,坐上这辆小车直奔天津马场道。车子停在一幢小楼前,进了屋终于见到了我的原型。此前我没有在生活中见过李瑞环同志,他比我想象的还要平民化,他那不拘一格的谈笑,持续了几个小时。看着、听着,我情不自禁地叫了出来:"李书记,我要是能早些见到您多好呀!我演的'市长'就会鲜活多了!"

影片审查时,我扮演的市长一角得到了肯定,认为我能演得这么"活",实属难得。

影片在天津八一礼堂首映,这个礼堂离我天津父母家极近,也是我少年时代看电影常去的地方。

李瑞环同志出席了首映式。看电影时,我就坐在他的旁边。电影结束之后，他站起来和我握了握手。

十一年过去后，1997年在人民大会堂庆香港回归的晚会结束时，全体政治局常委上台接见演员，我也是其中之一。当李瑞环同志和我握手时，我问了一句："您还认识我吗？"

他脱口而出："你不是演曹操的吗？"

我接着一句："我还演过您呢！"

转年，在北京工人体育馆举办的由中央电视台王冼平导演的纪念"五四"的晚会上，由我朗诵李大钊的诗作《青春》，当我朗读到最后一句时，中央电视台直播的镜头恰巧切换到主席台上，只见李瑞环同志边用手指着我边明显地向旁边的某常委说了一句"鲍国安"三个字，口型非常清楚，这是我在看重播时发现的。

严格地说，我是1986年10月才正式成为中戏的教职员工的。

我正式调入学院的手续刚刚办好后，徐晓钟院长，亦是我的恩师便找我谈话。他命我立即进入表演系教学的第一线。我将要参与教学的是为大庆话剧团代培的一个表演大专班。

应该说，这是我在中戏以教师身份参加的一次完整的教学过程。从去东三省招生到研究教学大纲、准备教案，直至三年后学生毕业，每一个教学阶段我都亲力亲为。

艺海情怀 ——好人伴我一生

我非常感谢学院领导想方设法解除我的后顾之忧,将朱兵也很快地从郑州调到了北京。这里又要特别感谢一位叫霍起弟的老师,他当时是学院人事处处长,在去郑州商调我的工作过程中,曾偶然了解到朱兵长期从事教育工作并多次荣获先进教育工作者称号,于是将此情况向院领导汇报,学院领导才决定将朱兵直接调入学院教务处工作,后转任学生处处长,直至退休。两个儿子也随之转学至北京。

朱兵这个人性格开朗、少心计,很容易与别人相处。没有"傲气",做事很泼辣。尤其是在教育战线上,从幼教、中小学教育至大学教育,多年来,她广泛接触各年龄段的学生,对学生有一种母亲般的慈爱。所以她在中戏被学生们亲昵地称为"朱妈妈"。尽管如此受学生喜爱,到了退休年龄朱兵还是婉言谢绝了学院及其他教育单位的聘请,原因是多年学生工作,责任重大,我感到她身心疲惫,希望她过一段轻松的日子。没想到的是,退休后她反而更辛苦了。他跟着我到了剧组,本来是探班的家属,可由于她闲不住,慢慢地成了我的"生活助理",接着又兼任"现场助理",有时还要帮忙当司机(一退休她就考取了驾照)……不过,她比我幸福的是,几乎在每个剧组都会遇到叫她"朱妈妈"的演员,这些人都是中戏往届的毕业生。

在剧组里,她主动与制片、统筹、副导演联系沟通,把我的场景表用电脑做得仔仔细细,使我一目了然。有时她还会热情地帮助剧组做一些其他事情,因此曾被陈家林导演戏称为"最佳助理"。

朱兵在拍摄现场做助理

只有自己做过教师才能体会到教师工作的辛苦。所谓燃烧自己照亮别人,绝不是虚夸之词。老师对学生的爱,从某种意义上来说胜过父母。一日为师终身为父,当自己做过教师之后,才更体会到这句话的含义。

在之前提到的第一次完整的教学过程中,我要特别感谢原表演系主任张仁里老师。他是姜文、吕丽萍、岳红、丛珊等一批优秀学生的恩师。张仁里老师退休之后,曾应邀去上海谢晋恒通明星学校(现为上海师范大学影视传媒学院)任教。张仁里老师不仅在招生方面独具慧眼,在教学方法上也具有创造性。他坚持在表演教学之初（一年级），让学生运用观察生活的方法做表演练习，使学生很快进入真实的状态，为后面的教学打下了坚实的基础。如今，此教学方法已在各艺术院校的表演教学中广泛应用，且卓有成效。

因为我是第一次参与教学工作，我知道我应该多虚心求教。因此，我多次登门向张仁里老师请教并特意把他请到我的课堂上讲课，这使我悟到了很多宝贵的教学经验。

我们教学小组的其他几位老师也都给予了我许多无私的帮助。其中常莉老师，后来教出了章子怡、袁泉、刘烨等许多优秀的学生，被称为"金牌教师"。

与87级大庆班学生合影

四、大学生活

第一次教学结束了。此时我对教学已产生了浓厚的兴趣。和学生们在一起,尽管为他们操碎了心,但看着他们一步步成长,不仅有着一种"收获"的愉悦,自己也为从中能多一份童心和爱心感到快乐。

虽然表演系,甚至导演系都希望我留在系里继续担任教学工作,但院方做出了决定,我必须去研究所工作。研究所自然是一个研究机构,人们熟知的巩俐、姜文、史可、赵奎娥、李保田等一批毕业生,包括后来由北京电影学院毕业分配来的王志文都在研究所任职,我服从了院方命令。

我刚到研究所就接到了让我去上海电影制片厂参加电视剧《大唐名相》拍摄的邀请。研究所马上放行并派人为我购买了机票。在那几年的教学工作中,我也曾被邀请去拍戏,但我都婉言谢绝了。作为老师,我不可能抛下学生,中断教学,去干自己的事情。说实话,我那时候没有更多地想到个人名利,我自认为当时我的第一职业是教师。

抵达上海后我才知道,九集电视连续剧《大唐名相》由老一辈著名导演黄祖模执导,我将在其中扮演魏徵。

艺海情怀——好人伴我一生

在电视剧《大唐名相》中与顾也鲁先生合影

剧组其实已开拍了半个月，因原来的男主角无法继续出演，剧组已停歇一周多了。我这次来等于是救场，介绍人是我们学院导演系的毕业生徐松子。她毕业以后分到上海电影制片厂导演室工作，无意间听到剧组的情况，便向他们推荐了我。我因此前有《麦克白》和《宋江》两部作品，多少为人所知。

黄祖模导演当时已年近七旬，既有老一辈的那种执着严谨，又非常慈祥谦和，他最有名的作品是《庐山恋》。我非常尊敬他，他也从一开始就给予了我充分的肯定。虽说"救场如救火"，但救场的滋味是不好受的。因为别人都已熟悉了剧本和台词，只有我是新来的，再加上一双双"拭目以待"

的眼睛，让我有些六神无主的感觉。

导演一开始的肯定自然很重要，同时我还要特别感谢当时河北省话剧院的几位老演员，他们毫不吝啬地、及时地给予我许多鼓励。

剧本对魏徵的刻画很到位，那种刚正不阿的性格又是我特别钟情的，所以我本想倾尽全力与黄导好好合作一把，没想到我刚拍了两天戏，就发生了一件重大的事情，使我分了心。直至今日，我仍对黄导感到愧疚。

五、塑造"奸雄"

1991年4月底的某一天,结束一天的拍摄,我拖着疲惫的身子刚刚回到上海电影制片厂招待所的八楼,就听到服务员喊:"鲍国安电话。"

电话是朱兵打来的。她告诉我,中央电视台《三国演义》剧组一位叫顾凤丽的副导演给她打电话,希望我去试一试曹操这个角色。朱兵告诉顾导,我正在上海拍戏,能否缓几天,顾导表示可以。

听了朱兵的话,我顿时血往上涌,心跳加快,我意识到我艺术人生中的重大事件将要发生!记得一年前,听说谢晋导演要拍电影《赤壁大战》时,我就曾找到我们学院阮若珊副院长的爱人黄宗江老师,请他向谢晋导演推荐,让我去试试曹操这个人物。谢晋导演那几年选用过的很多中戏的学生,如丛珊、姜文、徐松子、张光北、倪大红等都是经阮若珊和黄宗江两位老师介绍给谢导的。黄宗江与谢晋原本是好朋友,而阮老师又恨不得有更多中戏的学生

五、塑造"奸雄"

能在谢导那里闪光。当年谢导拍《芙蓉镇》时,阮老师就曾把我推荐给谢导。因无合适的角色,我虽白去了一趟上海,但结识了谢导。而这次黄老师听说我想试演曹操,连连摇头,告知我于是之先生已在上海为饰演曹操备战半年了。只不过后来因种种原因电影未能拍成。如今突然得知又一个"曹操"找到了我的头上,怎能不令我激动!

我晚饭也没吃,顾不上疲劳直奔徐家汇。我到新华书店后,买了一套《三国演义》,出来又顺便买了两个面包,便急匆匆地返回招待所的房间。从那一刻起,三年多的时间,这一套《三国演义》始终在我身边。

想到要试戏,我选了《煮酒论英雄》中的一段做准备。白天演魏徵,晚上看曹操,一心二用,心猿意马。

借着剧组从上海转承德外景地途经北京的几天休息时间,我去了《三国演义》剧组。化妆师为我做了造型。穿上服装之后,副导演把我领到一间大会议室。只见里面一边坐了男男女女数十位,另一边摆放着几台摄像机。我走到会议室中间,先自报家门,然后听着指令转动身体。之后,正当我想把准备的《煮酒论英雄》片段演给他们看时,我被告知可以卸妆回家了。下来之后,我有点蒙。这么快地被"轰"了出来,是不是没戏了?我有点沮丧地回到了家,但在朱兵面前还不得不做些掩饰。

挨到第二天下午四点钟,我实在有点坚持不住了,因为我明天上午就要奔赴承德。行与不行，总要听到确切的消息才能心甘。这时我已知道原来金山院长的秘书沈好放也是《三国演义》剧组的导演之一，因为昨天去试戏的时候我碰到了他。如今我只能想方设法找到沈好放了解情况。在电话中我才知道，是他向王扶林总导演推荐的我，在我之前已有几十个演员试过曹操。他让我静等剧组的决定。可我明天就要离开北京了，我总想在走之前听到结果。这时顾凤丽副导演打电话告诉我王扶林总导演马上出发到我家来。

我在试戏的那一天，在化妆间就听谁说了一句，决定曹操人选之前，王扶林导演要和那个演员谈上两天两夜的。天啊！王扶林导演要来我家了，而今天的晚饭我们还没有任何准备。我连忙给朱兵打了一个电话，说明情况，请她提前下班做准备。结果是她和王扶林导演同时走进了我们的家门。

坐定之后，我总想谈谈自己对曹操这个人物形象的理解，而王导却是不断地扯家常。

五、塑造"奸雄"

与八十四集电视剧《三国演义》总导演王扶林

过了二十几分钟之后,他从椅子上站起来说:"好了,你明天一早就要走了,不多耽误你的时间,我也走了。"说着,便出了门。

走到院子里,正当我不知所措时,王导对朱兵说:"明天上午就会有人到学院签合同,请你帮忙带着见一下院领导。"说完,他就坐上汽车离开了。

我和朱兵立在院子里傻站了有两分钟,转而对望着相视一笑,快步走回家里。走进房间,我仰天长啸,差点把朱兵吓得瘫坐在地上。当晚,我们决定不自己做饭了,去马凯餐厅庆贺一下。这在当年来说是一种奢侈,因为我们那时全家一年只去一次马凯餐厅打牙祭。

之后,在《三国演义》剧组里,我才了解到有关这次

艺海情怀 ——好人伴我一生

选曹操一角的一些细节。

在几十个演员落选之后,导演组和专家组都很焦急。专家组由一些文学专家组成,其中包括中国《三国演义》学会的专家。和现在的选角色不一样,当年剧组不是把演员大张旗鼓地招集到北京来,而是向全国各地派出若干遴选小组,去搜寻与剧本人物形象相近的演员,工作量可想而知。功夫不负有心人,关羽的扮演者——陆树铭就是其中成功的一例。那么高的身材和那么长的脸,说老实话我至今未在生活中见到第二个人。

书中关于曹操的模样没有关云长描绘的那么细致。在有关资料里基本上可概括为八个字:个子不高,雄风十足。而更多的描写则是一种性格特征,只可意会,难以言传。

沈好放在中戏给金山院长做秘书时,和我接触并不多,因为我那时只是个普通学生。在他看了《麦克白》演出之后,才记住了我叫鲍国安。金山院长去世之后,沈好放远赴日本学习电视艺术,学成之后回国,调进中国电视剧制作中心做导演。是他想起了我,才使我有机会在《三国演义》剧组的领导和专家学者面前展现,并得到了大家的一致认可。

五、塑造"奸雄"

沈好放导演和马丽珠导演夫妇

《大唐名相》拍摄结束以后,我立即到《三国演义》剧组报到。迅速投入到剧组所安排的马术班、武术班、礼仪班中学习。同时,我翻阅了剧组提供的大量资料、听了众多专家的讲课、研读剧本、讨论人物,那几个月真把我累

艺海情怀——好人伴我一生

曹操定妆照

五、塑造"奸雄"

得够呛。我因为是后到者，因此努力"恶补"。有病发高烧，也不敢请假。

当时剧组有一个口号，就是"上要对得起祖宗，下要对得起观众"。所以各个部门都是兢兢业业，不敢有丝毫懈怠。庞大的摄制组在北京周边地区安营扎寨，无锡的三国城也围绕方圆几十里的太湖地区大兴土木，调训战船。一切紧张而有序地向前推进着。

1991年的4月份，为了不错过桃花盛开的季节，剧组先行赶拍了"桃园三结义"一场戏，而全剧真正的开机时间应当是1991年的7月下旬，那时正是酷暑时节。

当时，剧组在涿州一个工厂厂房里搭建了皇宫大殿，按照影视同场景连续拍摄的规律，一连拍了十几天群臣垂立于大殿的戏，那真是一种考验。在摄影棚内四十多摄氏度的高温，我们这些演大臣的都要身穿厚重的官服，里外不少于三层，每个人身上的汗水都不断往下淌，憋闷得让人感到窒息。所有人不分角色大小都在兢兢业业地工作着，同样地流汗，同样地忘我，没有一个人享受特殊待遇。

度过盛夏之后，没多久剧组又要去挑战康西草原的"三九严寒"。那个地方10月份就能下大雪，我们还没来得及享受一下秋天的爽气，就进入了冬天。

除了剧组本身，让我最难忘的是中国人民解放军某军的战士们。他们作为群众演员既扮演正面人物，也扮演反

艺海情怀 ——好人伴我一生

面人物。冲锋陷阵，搏斗厮杀，吃尽了苦头。无论严冬酷暑，无论在怎样恶劣的环境中，他们都遵守着铁的纪律，使剧组某些"大场面"的拍摄得到最有力的保障。

他们顶着酷暑、流着大汗，我常常被他们感动，不忍躲到休息车里去。全国人民大多只知道解放军为保家卫国、抗灾抢险做出了贡献，却不知他们也为我们能够看到那么多好的影视剧作品，做出过巨大的贡献。

"三国"拍摄的前半年，我有点心力交瘁。酷暑之后紧接着严寒，我很快就生病了。发烧、咳嗽、胸闷，但我不能请假。在延庆康西草原的拍摄现场，每天都有上千人，每天的开支都有数万元……我只能晚上去医院看急诊，开点药回来吃，因此反反复复总不能痊愈。我略知中医理论，明白这也是心火太旺所致。说老实话，从进"三国"剧组，尤其是听了专家们数次的讲课之后，我内心的矛盾、痛苦、煎熬与日俱增，晚上没有睡过一个安生觉。有时我越听讲课、越看资料越迷茫。在某个阶段，我甚至不知该怎么演这个曹操了。有意思的是，专家们也会为塑造曹操这个形象争得面红耳赤。他们对我说着不同的要求和希望：

"鲍国安，你一定要深挖曹操其奸……"

"鲍国安，不管怎么说，曹操首先是个军事家、政治家、文学家……"

"鲍国安，你一定要演出人民心目中的那个曹操……"

五、塑造"奸雄"

"鲍国安，曹操是奸雄，这种奸雄几百年才会出一个……"

"鲍国安，曹操的道德是失衡的……"

"鲍国安，不能否定曹操的雄才大略……"

…………

面对着众多学者的殷殷期望，我一时感到茫然和无所适从。如何深挖其奸？如何不否其雄？老百姓心里的曹操是个什么样？我有点焦头烂额，甚至都想过放弃。我突然感到我们不是在演戏，我们是肩负着一项重大的历史使命。我们剧组的口号是——上要对得起祖宗，下要对得起观众！我如果演不好这个角色，岂不成了千古罪人！

好在这是中央电视台的戏，有半年的时间试拍，这也使我有机会在之后纠正许多错误。

1992年初，春节一过我就要回剧组。出发前一天，我去医院看病拿药。医生听了我的症状之后，建议我拍一个胸片，还没等到结果我就出发了。

三天后朱兵去拿结果，没想到医生看了片子后说："人呢？"

"人在剧组拍戏。"

医生急了："赶紧把病人叫回来，开什么玩笑，都肺炎了还拍戏呢！赶紧的，通知病人回来住院。"

朱兵一听也慌了，连忙往剧组打电话。

就这样我住院了。开始我住在普通病房，剧组负责主

艺海情怀——好人伴我一生

要演员协调工作的制片王晓颖来看望我时,找到院方说明情况,把我转到高干病房,在医院我受到了医生护士们的精心护理。

我每天从上午八点开始输液至下午一点左右。开始几天我躺着输液,望着天花板我思绪万千。在那宁静的房间里,我想着想着,突然有一种豁然开朗、柳暗花明的感觉。其实,经历了十年的"文化大革命",一览人性中的真善美与假丑恶,这段时间我也从古今中外文学名著中汲取了许多营养,为自己积累了丰富的资源。"浩劫"之后我又幸运地上了大学,孙家琇、徐晓钟等开掘人性的大师们引导着我,不断向前。病床上我再一次幡然醒悟:曹操也是个人!演戏是演人,不是去演一个忠或奸的概念。我赞成一位专家的这样一段话:"中华文化的伦理型性格,引导着文学过于重视个人与他人、整个社会的关系,使得审美意识自觉或不自觉地直接从属于政治思想和道德观念。再加上历史小说自身的特点,导致中国古代历史小说很少有人物复杂多变的心灵世界。而曹操却是绝无仅有的特例……曹操以丰富的内心情感和独特的个性气质,甚或是生理欲望展示在我们面前。"

罗贯中为我们留下了这样一个经典人物形象,我没有权利把它简单化或模式化,我只有去努力挖掘这个角色。

我应当感谢专家和学者们,从不同角度阐述了曹操。

五、塑造"奸雄"

虽然有些看似极端，但其实极端里透着深刻。我如果能把他们的观点有机而巧妙地综合起来，那将是我创作的宝贵财富。

人民群众心目中的曹操又是什么样的呢？为此，我一度着了魔似的逢人便问："你认为曹操是个什么样的人？"回答各异，莫衷一是，真是太丰富了！也就是说，曹操不是用一个概念或三言两语就可以说清楚和说明白的人物。硬是要概括的话，我更倾心于毛宗岗的"奸雄"说。而这个"奸雄"不是奸和雄的相加，而是一个独特的个体，是几十年或几百年才可能出现的一个典型人物形象。这就需要我投入巨大的心血去体验和捕捉人物形象和情感细节，从而获得独特的感受。无论是专家学者或普通百姓，所有人对曹操的感受和理解都不应成为我创作的障碍，我要把它们都化作我的"营养"。我终生感谢所有的人！

几天之后，我不需再躺着输液。每天输液之前，我把剧本、小说及有关资料摊开在桌子上，坐着输液。

当我摆脱了对曹操居高临下的审视，去谛听他心灵的回音时，我的热血开始沸腾。我兴奋不已，因为我知道我已走进人物中去了。

输液半个月之后，不仅我自己想尽快回到剧组，广电部的王副部长也着急了，亲自到医院来看望我。王副部长除了叮嘱医院为我精心治疗外，也流露出希望我痊愈后尽

艺海情怀——好人伴我一生

快返回剧组的想法。部长一走,我就和我的主治医生——一位四十岁左右的男医生商量,争取两三天内出院,回到剧组后可以边拍戏边抽空输液。医生同意了我的想法,只是说出院前要再拍一个胸片,看看病情。隔了一天,一位女专家在主治医生的陪同下来到我的病房,通知我暂时不能出院,原因是胸片显示我的肺部有个小结节,需做 CT 进一步查明。而这个医院当时没有 CT 检查设备,需到其他医院排队等候,要两三日之后。下午,我在走廊里碰到了演员申军谊的父亲,申老先生是癌症术后化疗。我向他请教肺部小结节是怎么回事,他脱口而出:"癌症呀。"

我顿时觉得天旋地转,浑身无力地回到了我的病房。坦白地说我当时失了分寸,大脑一片空白。我努力使自己镇静下来,想一想如何面对这突如其来的变故。一个上有父母,下有妻儿的男人,面临生死考验时,更多的不是想自己,而是担心痛苦给生者带来打击与无助,一想到此我不禁潸然泪下。突然,我看到了桌子上的剧本,这时我才意识到,如果我不能走完"三国"的创作历程,尤其是当我历尽艰辛,刚刚把握到人物的脉搏,准备好好搏杀一场的时候,如果中途夭折,我将死不瞑目。

我找来了主治医生,向他说明了我的心情。如果万一确诊为癌症,我希望他帮助我隐瞒病情,使我有可能继续我的拍摄工作。他沉思了一下之后,答应了我的请求。

五、塑造"奸雄"

第二天一早,他来到我的病房对我说:"做 CT 还要等两天,现在放射科主任正好在,我带你去请他看看。"

重新拍了一个胸片之后,放射科主任从冲洗的药水里拿起胸片贴到看片机上认真审看。片刻,他转过身对我说了一句:"放心吧!没什么问题。"然后他告诉我,是由于动脉血管过粗形成的阴影。的确,我从小学开始,每次体检胸透都要复查一遍。

我紧紧握住主任的手,百感交集地说了一声:"谢谢!"

回到病房之后,我如同劫后余生般激动!

主治医生鉴于我肺部的情况劝我戒烟,我当即表示从此不再吸烟。我把剩下的香烟和打火机都送给了这位主治医生,至今我戒烟已有三十多年。

第二天我就出院了。

回到剧组之后,该拍戏的时候拍戏,不拍戏的时候我就继续输液。一场大病,体验了一回生与死之后,我觉得自己升华了。

几天拍摄下来,一位现场副导演对我说了这样一句话:"鲍老师,你这次回来跟原先的状态不一样了,特别是眼神。"

1995 年电视剧《三国演义》播出之后,有很多文章和观众评论我的眼神。说实话,我在准备戏的时候,从来没准备过"眼神",也许这就是"眼睛是心灵的窗户"的缘故吧。

艺海情怀——好人伴我一生

从此之后,创作应当说进入了正轨。每天晚上准备第二天将要拍的戏时,我都会十分激动,有一种跃跃欲试的冲动,希望明晨尽快到来。这种幸福的感觉在以后多年的创作中,很难再感觉到了。

最初曹操这个角色,让我觉得捉摸不透,似是而非,顾此失彼。当我费尽千辛万苦,在众人的帮助之下,正确地找到了开启人物心灵世界的钥匙之后,通向人物情感世界的大门被一道道地打开了。

每天的拍摄工作是紧张的,拍完了 A 队中年曹操的戏,紧接着要跑数十公里甚至数百公里到 B 队去拍老年曹操的戏。人不歇脚,马不停蹄。一年多之后我第二次住院,两年以后我的坐骑"花豹"也离开了。它不仅侍奉我一个人,"它"是一仆多主。

从体力的消耗来说,演员不是最累的。这种大戏每一次转场,都要拉上一列车的东西。每天拍摄结束我们回到驻地,负责服装和道具的师傅们要三四个小时之后才能回来。因为他们要整理、收验、装车成千上万件的道具和服装。当时给我留下深刻印象的是一位年近七旬的刘姓道具师傅,他那兢兢业业、任劳任怨的无言形象,永远印刻在我的脑海里。当我得知他的老伴患有肺癌,他却仍然坚守在第一线时,我流了泪。我曾去看望过他的老伴。

三年多的创作史无前例,团队的精神令人怀念。在这个

五、塑造"奸雄"

集体中,我要感谢的人太多:导演王扶林、蔡晓晴、沈好放、孙光明、张中一以及导演部门其他人员;制片主任任大惠、郝恒民、单羽生、汪瑞、张光前等人及制作部门全体人员。

与《三国演义》蔡晓晴导演

当然,更要感谢三年多通力合作的各位演员朋友。大家平等、真诚相待,宛如兄弟姐妹。

让我不能忘记的还有另外一些人:那一次次把我扶上马的马队师傅;不辞辛劳一遍遍指导我的武术指导;不停为我拭汗、宽衣的化妆及服装师傅;那一位位洒尽汗水、默默无闻的场工;我那憨厚朴实的蒙古族兄弟——曹八将;等等。

我们的里波老师——我儿时崇拜和喜爱的人,因为除了与我合作演戏他还是一位美食家,所以,他兼职做起了

艺海情怀——好人伴我一生

剧组的伙食顾问，为剧组在限定的伙食费内变换菜肴花样做出了贡献。

另外，我那忠实的坐骑"花豹"，也曾在一场"火戏"中护卫了我。它死后我在它涿州影视城的墓地前深深地哀悼过。

在剧组还有一位让我难忘的老大姐——谷建芬老师。她是《三国演义》的作曲，她和词作家王健老师合作的几首歌曲至今传唱不衰。当谷老师得知导演有意让我在"横槊赋诗"一场戏中自唱《短歌行》时，极大地鼓励和支持了我。她把我叫到她家里，不顾盛夏的炎热，亲自弹琴指导我练唱。毕竟隔行如隔山，只凭美好的愿望是不行的，后来这场戏还是由杨洪基同志配唱。不过播出之后，居然有人认为是我自己唱的，实在不敢贪天之功。有幸的是，在中央电视台首届德艺双馨全国"百佳电视艺术工作者"颁奖晚会上，在晚会导演特别编排下，我与杨洪基合唱了《三国演义》主题歌《滚滚长江东逝水》。开始我是婉拒的，是洪基同志的热情鼓励和帮助才使我敢于表演，而我们二人也由此结缘。之后十几年中，在全国有关"三国"的晚会上，都是我"说"他"唱"，同台演出。

电视剧《三国演义》场面浩大，拍摄现场声音嘈杂，难以同期录音，所以演员的台词都要经后期配音完成。

1993年初春，配音工作全面开始，由著名配音导演吴

五、塑造"奸雄"

珊同志负责。因为我们几个主要演员当时还都在紧张的拍摄之中，加之其他原因，领导决定配音任务全部由配音演员完成。听到剧组的这个安排，我感到非常难过。我为人物的塑造耗尽了心血，未能同期录音我本已觉得是一个重大遗憾，如今又要让别人替我"说话"，我一时难以接受。我也曾参加配音工作，再敬业的配音演员，也不可能知道原创演员心里具体在想些什么，尤其是精细之处。更有很多演员，他们自身的语言和声音极具个性，如果后期由别人配音，观众听起来将会很别扭。我原打算通过后期的配音工作弥补一些前期工作的遗憾，这样一来我就失去了最后的宝贵机会。但是我也深知我自己去参加配音工作难度很大，因为配音和拍摄分两条线同时进行，我分身乏术，然而我实在是心有不甘。

与吴珊导演（前排左三）等人合影

艺海情怀 —— 好人伴我一生

思来想去,我给王扶林总导演打了一个电话。他听完了我的陈述之后,停顿了片刻,说:"这件事是整个剧组的决定,主要是为了加快进度,你在无锡拍戏,怎么可能有时间回北京配音呢?"听了王导的话,我以为他将彻底回绝我,没想到,他话锋一转:"这样吧,你先和吴珊导演商量一下,看她是什么意思。"我松了一口气。

过去我虽参加过吴珊导演的配音工作,但没有什么特别的交情。我深知,配音导演最不能接受配音演员没有稳定的时间参加配音工作。吴珊导演虽然外表柔美,做起事来却完全是个铁女人。我一直犹豫了七八天,最后硬着头皮给吴珊导演打了电话。有些事往往是你想得容易做起来难,你想得难结果却很容易。吴导听完了我战战栗栗、啰里啰唆、近乎哀求般的请求之后,只停顿了两三秒的时间就爽快地说:"这样吧,你把每个月你们拍摄的大计划提前给我,我尽量为你安排出时间。"天哪!我总是在最关键的时刻,遇到大好人。

一般人也许不会了解,同意我自己配音意味着要给她增加许多额外的麻烦。因为那时配音还没有单挑一轨的技术,她只能根据我的时间不断地协调录音棚、录音师以及与我在同一场景中其他众多相关配音演员的时间。这个工作量是巨大的、复杂的,而仅仅是为了我一个人。

至今我也没问过她,当初她为什么会宁愿给自己找那

五、塑造"奸雄"

么多麻烦而满足我的请求。在我眼中她既是一位真正的艺术家又是一位充满爱心的、善良的老大姐。她格外地"宽容"了我,真的非常感谢她!

没想到开始就很不顺利。当我第一次按计划将要从无锡返回北京配音时就出现了问题。事情是这样的:我在无锡拍了一段戏之后,第二天将要乘火车回北京,而前一天拍的是"败走华容道"最后的一段戏,按剧本要求这场戏应该下着雨,这个"雨"自然是由消防车喷水人工降下的。11月份的无锡,站在太湖边已经让人感到一阵阵阴冷。连日的疲劳,再加上淋了一天的"雨",半夜我就发烧了。更要命的是,第二天一早,喉咙干痛,声音嘶哑。我心想坏了,吴珊导演和一大群配音演员还在北京录音棚里等着我的第一次配音,我这个样子可怎么好?!在去火车站的路上,我在药房买了些相关的药,到北京时我的声音嘶哑得更厉害了。前去接站的制片人看到我这个样子,劝我直接回家先休息,我没有同意。那么多人在等着我,我没有见上一面就回家了,这像什么话?可制片人说:你这样去不是白去了吗?我心想,白去我也得去,否则我对不起吴珊导演。到了录音棚和大家寒暄之后,我就站在了话筒前。几句话录完之后,吴导走了进来,问我嗓子怎么哑了。我简单地说明了情况后,吴导没有流露出任何不满和埋怨,慈祥地说:"你赶快回家休息,去医院输几天液吧,什么时候好了打电

艺海情怀——好人伴我一生

话告诉我。"我克制住自己的泪水,向大家一一致歉、告别。

四五天之后,我正式开始了配音工作。之后一年多的时间里,我往返于外景地和录音棚之间,在吴珊导演的运筹帷幄之下,在那么多配音演员友好、宽容的合作之下,了却了自己配音的愿望,也为观众奉献了一个完整的形象。

电视剧《三国演义》封镜于1994年春节前。在无锡浩瀚的太湖水面上,钢筋水泥建造的曹操战船硕大雄伟,连续几个昼夜,终于完成了气势恢宏的"横槊赋诗"的片段拍摄。接着是拍摄"火烧赤壁"。在完成了我的"近景"和"特写"之后,为了照顾我的安全,全景的拍摄由马术队师傅做我的替身,在火海中奔驰逃窜。

赤壁大战中的曹操

五、塑造"奸雄"

"横槊赋诗"是一大场夜戏,每天下午四点演员进入现场,拍至第二天拂晓。当时太湖水边夜里的温度低至零下三四摄氏度,一些扮演将士的演员可以在身上穿件毛衣御御寒,而那些专程从北京赶来的中国歌剧舞剧院的女舞蹈演员就没有那么幸运了,她们穿着纱质的薄衣被湖面上的寒风吹得瑟瑟发抖。尤其是到了后半夜温度不断降低,人腹内空空,越发困乏,其艰苦可想而知。到了第二天,只听战船上咳嗽声此起彼伏,好在不是同期录音。台前幕后,无数的无名英雄为《三国演义》做出了自己的贡献。

三年多艰辛的拍摄将要结束,我既有一种解脱感,又有一种说不出的怅然。演员们一批批杀青,彼此留下通信地址。往日剧组辛苦的表情渐渐被欢声笑语代替。化妆间里一扫平日的宁静,玩笑声不断。古装戏男演员最痛苦的就是粘头套、粘胡子,无论是夏天还是冬天,黏糊糊的胶水涂抹在脸上真不是个滋味。尤其是盛夏,粘了一头的毛发,有时会让人感到崩溃,恨不得一把全撕扯下来才痛快。做造型每个人的反应都不一样:扮演诸葛亮的唐国强一粘上胡子就鼻尖冒汗;扮演刘备的孙彦军一粘上胡子,他说心里就发急;而我粘上胡子以后虽说能镇定,但就讨厌粘来粘去,所以宁愿中午不吃饭填几块饼干充饥也不愿卸下胡子再粘。基于几年来大家对粘胡子的"民愤",在化妆间里大家一致表示关机之后,把头套、胡子统统烧毁。另外,

艺海情怀——好人伴我一生

买一个大缸，里面放满胶水，把化妆师们扔进大缸里，以解心头之"恨"。这样的玩笑声此起彼伏，大家借此宣泄着一种特殊的情感。是啊，天下没有不散的筵席！

虽然关机了，但为了保证艺术质量，剧组又成立了补拍队。补拍的工作基本是在涿州市影视城内完成的。恰好，由陈家林导演、刘晓庆主演的《武则天》正在那里拍摄，他们相中了我去演"唐太宗"。由于只有前六集戏，当属客串友情出演。

在电视剧《武则天》中饰演唐太宗，与刘晓庆合影

说到这里，我不能不提一下我们的化妆师——北影厂的李金祥先生。他不仅化妆的技艺高超，还做得一手好饭菜。我之所以提起他，是因为我在剧组几次生病时，都是他亲自给我做病号饭。这样的化妆师怎能让人不记住他。

五、塑造"奸雄"

前后历经五年时间的打造,由中央电视台摄制的,耗资数亿元的八十四集电视连续剧《三国演义》终于出炉了。但有意思的是这部鸿篇巨制,在国内上映之前,先在海外发行了。尤其是在东南亚、日本、韩国等地产生了热烈反响。

为配合泰国和马来西亚的播映发行,我们几位主要演员随团出访。我们完全没有料到,这部戏在当地反响如此巨大。街头和我们下榻的五星级酒店里,居然挂有我们人物造型的巨幅照片和宣传画。听说我们到了,很多华侨驱车上百公里赶到曼谷或吉隆坡,希望可以见我们一面。我们与观众的见面活动被安排在大型商场里。我们着人物装,站立在舞台的中央,每个人讲几句话后,大家合唱一曲《滚滚长江东逝水》。

《三国演义》剧组在马来西亚

艺海情怀——好人伴我一生

《三国演义》剧组在泰国首映式

这时人们拿着鲜花涌上舞台,很多华侨往我们的手里塞着各种各样的"小礼品"。回去以后打开一看才知道,里面有戒指、手表、小工艺品,甚至泰铢。很多华侨不仅拥抱我们,还用手不停地抚摸着我们的脸颊和双手。他们说得最多的是:"你们可为我们华侨争了气,以前在这里放的中国电影中国人都是拖着大辫子,蓬头垢面,让我们觉得脸上无光。《三国演义》在这里一播出,外国人才知道中国人几千年前就那么伟大了!你们回去一定跟政府说说,多拍点这样的好片子拿到我们这里来放,长中国人的志气……"

最出乎意料的是,泰国王叔安奴桑·孟孔干坐着轮椅接见了我们,他甚至说:"《三国演义》比《战争与和平》"拍得好。我不知道他指的是哪部《战争与和平》。

五、塑造"奸雄"

《三国演义》剧组在泰国与泰国王叔合影

在泰国和马来西亚最受宠的要数陆树铭了,他的关羽形象受到所有华侨的顶礼膜拜,自然收到的"小礼物"也格外多。

的确,只有到了国外,才能更加感觉到中华民族的伟大,那些赤子般的华侨是中华民族精神的传播者和守护者。

还有一件小趣事。1997年10月,我随团去中国台湾参加电影《鸦片战争》首映活动,我不记得是参观完什么地方走出来以后,背后突然跑过来一个人,抓住我的衣服嗷嗷叫起来。所有的人都为之一愣,不知这是什么人,也不知发生了什么事情。我当时也着实吓了一跳,不敢乱动也不敢多说什么。那人边说边比画着,直至从口袋里拿出了笔,在手心

艺海情怀——好人伴我一生

上写了"曹操"两个字,又指了指我,大家才长出了一口气。原来是在宝岛上碰到了一位热心的《三国演义》聋哑影迷,惊愕顿时化为了感动。

中央电视台正式播出《三国演义》是1994年10月,一直播到第二年春天。观众的反应基本持肯定态度,各种评论文章,也是铺天盖地而来,其声势之浩大,令人瞠目结舌。我个人收集到的国内外有关《三国演义》电视剧的报纸杂志文章就有上百种之多。

平心而论,电视剧《三国演义》留下的遗憾很多很多,但在那样一个时代,凭借当时的技术条件和运行模式,应当说全体创作人员是尽心尽力了。我个人扪心自问,也基本没有什么愧疚。那时候谁也没想挣多少钱,大家都不为名所累,不为钱所累,都是基于质朴的创作心态。当时有个硬性规定,《三国演义》剧组的主要演员在这几年的创作期内,不准接拍其他的戏。因此大家戏言:"两耳不闻天下事,一心只拍'三国'戏。"

前不久,中央电视台(下文简称"央视")《向经典致敬》栏目为王扶林导演做专辑,邀我做嘉宾。我在现场说了一句话:"王导之所以能有两部传世之作,我认为最重要的原因是他那颗对经典原著的敬畏之心。"

五、塑造"奸雄"

《三国演义》剧组主要演员与央视领导合影

1995年,有关电视剧奖项中所有的男主角奖几乎都给了我。我深深感谢全国观众和评委们对我的厚爱。直至十三年后的2008年,由中国广播电视协会、搜狐网、大众电视社联合举办的中国电视剧辉煌三十年庆典活动,通过网上观众投票,还授予我"最具影响力演员"的荣誉。我心里很清楚,其实还是因为"曹操"。

记得有一天,我在中戏的好友——戏文系的硕士研究生,后任黑龙江戏剧研究所主任的刘书彰拿着一瓶红酒,专门跑到我家来向我表示祝贺,他当时说了两句话,使我非常难忘。一句是:"鲍国安,多少人的劳动成全了你呀!"另一句是:"鲍国安,你此前几十年是为曹操而活着的……"

艺海情怀——好人伴我一生

是的，没有剧组成千上万人的辛勤劳动和敬业精神，怎么会有八十四集的电视连续剧《三国演义》？！没有此前几十年那么多人的帮扶和教诲，没有那么多色彩斑斓的生活经历，没有那么多综合知识多年潜移默化地渗透，何以面对"曹操"这样一个经典人物？！

随着《三国演义》在国内的热播，我收到各地观众的来信，上至七十多岁的老人，下至六七岁的小朋友。另外，还有一些日本和新加坡的观众来信，都给予了我很多鼓励。我只能部分回复，不能一一作答，借本书出版之际也向观众朋友们致以深深的谢意！

在许多来信的观众中，有一位我无论如何都不能忘却的人——房茜茜。她从孩提时代开始给我写信，经过中学、大学，如今已为人妻，但依旧不间断地来信或发信息，谈她的观后感，嘱咐我保重身体。更令我感动的是，她将我所有的演出，无论角色大小，甚至是某一晚会中不起眼的朗诵都记录在册，并注明演出的准确时间、地点以至于我在晚会中穿什么衣服都有标明。她对我的称呼是"鲍伯伯"，我自然把她当孩子辈。

五、塑造"奸雄"

与房茜茜一家

说起来，我是有歉疚的。这么多年来，这个女孩子默默给了我很多支持，但我却没有给予她更多关注。直至若干年后，我在济南出席一部电视剧的发布会，当主持人宣布"有一位鲍国安的'粉丝'也来到现场"时，我看见从黑暗中走过来一个弱小的女孩子。当她站在我面前时，我还只把她当作一名普通观众，直到听她怯懦地说了一句"我是房茜茜"之后，泪水模糊了我的眼睛。在那一刻，我仿佛见到了自己失散多年的孩子，将她一把搂在了怀里。

现在房茜茜已经工作了，听说我将要到济南参加活动，特意请了假，专程从淄博赶到济南，在同学家睡了一夜，等待着与我见上一面。

艺海情怀——好人伴我一生

"鲍国安俱乐部"吧友到象山拍摄现场探班

晚上，我们在一起吃了一餐饭。席间，她默默无语，我也不知说些什么来表达我当时的感受。就是这么一个朴实无华的孩子，多年来，始终如一地支持着我。如果说"观众是我们的上帝"，那么她就是一位"小天使"！若干年之后，房茜茜在网络贴吧上创办了"鲍国安俱乐部"，成为吧主。许多热情的粉丝会聚到她的周围：丁怿、黄晓波、张帮玖、洛宾、施涛、朱峰、任乐意、李施漫、万永、罗德勇、未央芳芷、鲍之恋、天学海涯、呀哈里有一、峰GG909、爱爷一万年、逍遥火柴、鲍爷之背影、鲍氏艺术、七尺节……据我所知，他们大都是一些年轻人，他们把对《三国演义》的热爱之情，倾泻到了我的身上，让我时时感到无以回报。他们当中不少人还不远千里地跑到我拍摄的现场去看望我、关心我，让我非常感动。

另外，当年在众多观众来信中，有一封来信对我也具有格外的意义。这封信是我的老师，也是我们中戏的前副院长阮若珊老师给我的。她与我同住在北京市，本可以给我打电话交流，但她却郑重地给我写了一封长信。老人家除了向我表示祝贺并点评了我表演方面的长短之外，更多的是殷殷叮嘱。她希望我此后不要急于接新戏，不要滥拍戏，一定要选择好的剧本、好的角色，同时不要彻底中断教学工作……

若珊老师对所有的学生都有一种母爱般的关怀，当年为了让我调进中央戏剧学院，她老人家亲自跑去文化部（今文旅部）。为了学生们能有所成就，她向很多知名导演推荐我们……

真是很巧，阮老师去世后，与我的父亲同葬于一个陵园。每年清明前后我去扫墓，祭拜过父亲之后，便去看望一下她老人家。

在这里我必须要记下一笔的是无锡的黄惠民夫妇和苏州的田纪昌夫妇。这是两对极好极好的人，因我在当地拍戏结识，成为我的粉丝朋友。他们都曾给过我很多生活上贴心的关照。黄惠民的爱人听说我要在零下四五摄氏度的太湖边拍通宵夜戏，居然在晚上十一点将她亲

艺海情怀——好人伴我一生

与从观众到挚友的无锡朋友黄惠民夫妇合影

与从观众到挚友的苏州朋友田纪昌合影

手炖好的热气腾腾的鸡汤送到现场,让我暖身子。田纪昌夫妇则是让他们的儿子在烈日炎炎下,把冰爽的绿豆汤送到拍戏现场。

面对我的观众,我作为一个普通的演员该如何回报?

随着《三国演义》在国内的热播,我们应邀去全国很

五、塑造"奸雄"

多地方与观众见面,所到之处受到了各级领导及当地观众热烈欢迎。从南到北,从东到西,我们在天上"飞来飞去",穿梭于祖国大地。这样的日子差不多过了有半年,其中有一件难忘的趣事,也是一件奇事。

我们在河南许昌(当年的许都,曹操的大本营)参加完与观众见面及其他一系列活动后,按计划从郑州飞往当年蜀国的所在地成都参加另一场见面活动,四川电视台将要向全省转播活动盛况。不幸的是,由于天气的原因,飞机在郑州不能降落,我们无法登机。拖到夜里我们只能到宾馆暂住,等待第二天再起飞。

不想第二天,延至下午四点,郑州机场仍然不能降落,这可急坏了四川方面,最后的解决办法是由郑州派大巴走高速公路将我们送到洛阳机场,再乘飞机赶赴成都。汽车行驶在郑洛高速上,天光渐暗。突然,王扶林导演说了一句:"今天晚上播出的是第六十六集'曹操之死'。"此话一出,全车人愕然,倒吸一口凉气,不禁大发感慨:"是啊,曹操要是死了,不到洛阳的'关林'来祭拜祭拜关老爷,想从魏国就直接飞往蜀国,没门儿!"

这是巧合吗?不管怎样,还真让我这个演曹操的在暮色中感到一丝战栗。

轰轰烈烈的日子渐渐远去了,时间已到了1995年秋。在这段日子里我铭记了阮老师的告诫,谢绝了很多摄制组的邀请，期待着一个更好的剧本和角色。正当我要安下心来，每天到北海公园散散步（北海公园就在我家附近，那实在是个好地方。它闹中取静，一片林荫的西岸尤其令人心旷神怡，我常坐在岸边的长椅上享受那一波湖水，或看书，或思索，或背台词。怪得很，我坐在那里背台词背得特别快。以后很多戏的大段台词，我都是在那里背下来的。如今我已搬离了那里，我仍然深深地怀念它。），想过几天松心日子的时候，刘备的扮演者孙彦军来电话了。

他告诉我近两个月来，他们哥仁（刘、关、张）和唐国强在某驾校学开车，这两天就要毕业了。驾校要专门为他们几个人举行毕业典礼，校方希望我能参加，孙彦军也希望我前去。我答应了他并如约而至。在宴席上，驾校校长希望我也到他们学校学开车。我说："我四十九岁了，眼见五十，不学了。"校长说："那更应该学。"因为那时限定五十岁以后不能再学驾驶。校长保证，为我派专人教学。好心的劝说打动了我，我同意报名学习。而且我的儿子、儿媳也先后成了我的学友。

如今我七十多岁了，还能时常开开车，这还要感谢孙彦军几个人和驾校，不是他们的怂恿，我这辈子恐怕不会掌握这门技术。

校方没有食言，竟然派了一名副校长为我单独教学，

五、塑造"奸雄"

引来许多人羡慕和嫉妒的目光。不过学了几天之后，我主动要求到普通的学员中去，加入十人一组的学车小集体。原因有二：一是那位副校长经常要开会；二是我发现十人一组的学车小集体很有意思，有说有笑，互相帮助，十个人按年龄排成老大、老二、老三的序列，真的宛如兄弟姐妹一般，尤其是每个人从事不同的职业，时常交流着不同的信息，能让我脑中的"仓库"，在练车的同时多一点积累。

校方同意了我的要求，于是我来到了某一车组继续学习。一到组里，让我不好意思的是，我把人家原来的老大变成了老二，不过大家都热情地欢迎我。那时候学车，没有"记时"这一说，从周一到周六，每天都要去。从我家到驾校坐班车需要一个多小时，每天早晨六点半之前就要赶到班车点。到了驾校之后，我主动为教练打开水，和"兄弟们"一起擦拭车辆。虽然轮到我驾驶时，也时常被教练训斥，但我心里很高兴。我高兴的是教练把我当成普通一员，没有客气，没有敷衍。常言道：严师出高徒。我铭记那位年轻、率真的教练，他也是我人生中的一位老师。至今回想起来，最让我自豪的是我没有接受校方的关照，真实而完整地参加了交规与驾驶考试。我把要考试的内容都抄成了小卡片，每天训练中轮到我休息时，我就像背台词那样去记忆卡片中的内容。遗憾的是，在考场里没有见到我同车的那几位兄弟。

就在三个月的学车过程中,有一天我突然接到学院的电话,告知我谢晋导演将要拍摄巨片《鸦片战争》,约我扮演林则徐。听到这个消息,我想起了十二年前,徐松子对我说的一句话:"只要你在谢导心里留下了印象,他早晚都要用你。"一晃十二年过去了,其间谢导拍过那么多部电影,为什么都没有找我?偏偏今天让我去扮演一个早已被赵丹大师经典演绎过的角色。因此,我没有一丝惊喜,也没有主动给谢导打电话回复,说起来实在很不礼貌。

我终于在驾校毕业了。三个月的学习中,除去前往太原和海南分别领取"中国电视剧飞天奖"(简称"飞天奖")和"中国电视金鹰奖"(简称"金鹰奖")的最佳男演员奖之外,我几乎没有请过一天假。看着崭新的驾驶证,让人有一种成就感。

最后,我想最应该感恩的是《三国演义》的作者罗贯中。如果没有他的经典原著,就不会有我们今天的这个演出。

当然,虽说是"忠于原著",但依然不能抹杀剧组几位编剧的二度创作。

五、塑造"奸雄"

荣获第十五届"中国电视剧飞天奖"最佳男演员奖

荣获第十三届"中国电视金鹰奖"金鹰奖最佳男演员奖

六、再塑英雄

我始终没有给谢晋导演回电话。

谢晋导演"宰相肚里能撑船",大人不计小人过,一直通过制片主任——永远不急不恼、满脸微笑的林炳坤与我联系。前期主要是给我送来有关资料,其间还让我去看了一次谢晋恒通明星学校第一期学员来京的汇报演出。那次,我见到了谢导,彼此间却都没有多说什么。直至1996年1月的某一天,林炳坤主任突然约见我,递给了我一套北京至福州的往返机票。

林主任告诉我,谢导让我去福州体验生活,因为福州是林则徐的故乡。这让我有了几分感动。一是谢导对我当时那种不确定的态度没有介意,二是谢导对我始终如一的信任,三是谢导这种严肃的创作态度打动了我。

说到这里,使我想起另一位前辈。那是1995年12月,在海南举行的"金鹰奖"新闻发布会上,有一位记者对我将要扮演林则徐提出了不同看法。当时在座的陈强老先生

六、再塑英雄

打断那位记者的话说：鲍国安是个好演员，他能演好曹操，我相信他也能演好林则徐（大意）。我当时有一丝愕然，在生活中我与陈老先生没有接触过，老人家那种提携晚辈的率真性格令我肃然起敬。

其实，在《三国演义》刚刚播出之后，一个"奸雄"，要在短时间内"转化"成为民族英雄，这种陡然的大起大落难免会令许多人产生怀疑。我记得文艺评论大家李希凡先生就曾在电视上说过："鲍国安演过这个曹操以后，不能再演别的角色了……"

谢晋导演敢于在这种情况下起用我，他不会意识不到其中的风险。他具体是怎么考虑的，我不了解，但他真正做到了用人不疑，从头到尾给予了我绝对的信任和宽容。而对比我自己的某些做法，我是有愧于他的。

电影《鸦片战争》公映半年多

电影《鸦片战争》中林则徐剧照

艺海情怀——好人伴我一生

之后,我当选为第九届全国政协委员,恰与谢导同在一个文艺小组里,谢导还是我的组长。有一次在会议期间,我去他的房间看望他,他突然跟我说了一句话:"鲍国安,你演的林则徐,应该说完成了任务,但是火花不多……"他说过之后,我没有马上作答。我之所以没有作答,是因为我心中有一些难言之隐,当时还不想告诉他。大约过了有两年的时间,我才把心底的话向他和盘托出。此事之后再讲。

我按机票上的日期飞抵福州。

为迎接香港回归,福建电视台与"林则徐基金会"合作准备筹拍电视连续剧《林则徐》。而此次负责接待我吃、住、行、参观、访问、座谈等事宜的也正是这个剧组,多有意思。原来,我们的林主任过去是福建电影厂的副厂长,与"林则徐"剧组的制片张主任是朋友。林主任给我的印象是性格很温和,人很厚道。张主任更是没有一点"同行是冤家"的姿态,为我在福州的工作和生活做了精心的安排。我参观了林则徐纪念馆、祠堂,与有关人员进行了座谈交流……

在这期间,张主任告诉我:有一位林公后裔、玄孙女林子东女士想见一见我。我忙应允,请他安排时间。当我得知这位林子东女士已年过七旬时,立即表示我将登门拜访。电话联系之后,我按约定的时间到了林女士的家里,她和她的丈夫,已离休的原福州市市长孙明老先生热情地接待了我。

我后来才逐渐了解,这对老夫妇当年都是新四军中的新

六、再塑英雄

闻工作者，在抗日战争和解放战争中出生入死。林子东女士是大家闺秀，曾就读于燕京大学，与同在燕京大学读书后奔赴延安参加革命并在中华人民共和国成立后从事外交工作的凌青先生是亲姐弟。凌青先生后来成为中国驻联合国代表，通过林则徐的这位玄孙戏剧性地向联合国递交了中国将要收回香港的国书。而林子东女士离休前是福建省社科院的院长，他们姐弟都曾是全国政协委员，也都为弘扬林公的民族精神、创立林则徐基金会、建立林则徐戒毒所等工作尽心竭力。

与林子东女士一家

我们似乎是有某种缘分，从当时的一见如故到现在我们成了忘年交。几十年过去了，大家一直往来不断。

艺海情怀 ——好人伴我一生

见面坐定之后,只见墙上林公的名言"苟利国家生死以,岂因祸福避趋之"赫然在目。林女士边讲边为我拿来了许多有关书籍和资料。听着她生动形象的介绍,我联想起几天来参加座谈的感受,心底开始涌动。林则徐的忧国忧民、民族大义、义无反顾,以及他的智慧、韬略和责任感被许多生动的细节形象化了。尽管有过一部电影《林则徐》,国人对林公那催人奋进的崇高美德和辉煌业绩还是知之甚少。作为禁毒先驱,他是民族的英雄,其传统美德至今仍能给予我们鞭策与鼓舞;作为中国"第一位睁眼看世界的人",他也是我们民族的骄傲!

想到林公的心底无私天地宽,我不禁为自己的患得患失感到惭愧。一年之后,香港就要回归祖国了,能在当时唯一一部参加庆典的影片中参与创作,应当是三生有幸。我本着重在参与的心态,尽心尽力,将个人的得失置之度外。这次会面结束之前,林女士又说了一句令我感动的话:"我们林家人,看了电视剧《三国演义》之后,曾议论过,要是有机会让鲍国安来扮演我们的老祖宗就好了。"

如此之厚爱和信赖让我十分感恩。

林女士和我母亲同龄,老人不顾年迈,又热情地陪我去林公墓地、出生地和几座巨型林公雕像前瞻仰,使我在静默中感受到某种启示和震撼。

我不能不感激谢导,他没有直接对我进行什么说教,

六、再塑英雄

拜谒林公墓地

他把我推进一种氛围,让我自己去感受、去感动、去感悟。

1996年春节过后,我第一次看见剧本,感到有些愕然。编剧之一的朱苏进,是一位卓有成就的军旅作家,他很会写戏,也有刻画人物的功力。我后来还在由他编剧,陈家林导演的《江山风雨情》中扮演洪承畴,他把几个人物刻画得淋漓尽致,很有深度,也很有色彩。据说重拍《三国演义》又是由他编剧,我相信在小说的基础上,他会扩展出一些不同凡响的东西。

173

艺海情怀 ——好人伴我一生

在电视剧《江山风雨情》中饰洪承畴

相比《鸦片战争》中的林则徐，我演洪承畴感觉更能捕捉到实实在在的东西，我感到能打开想象，获得与人物相同的快感。

《鸦片战争》这个剧本，可能是受命之作，要反映的东西太多，想要给观众思考的东西也太多了，哲理大于故事，有点主题先行的味道。而很多想要让观众思考的东西，其实编导自己还没有思考清楚，只是囿于一种概念。因此，对人物刻画的某些细节，也是为了某些概念，缺乏深入开拓。特别是我刚刚演过《三国演义》，经典作品中的那种深入和流畅，使我对《鸦片战争》中林则徐的形象感到失望。

六、再塑英雄

有一天，林主任又通知我，谢导指示让我去林公后裔、前中国驻联合国代表凌青先生家听取他对剧本的意见。凌青夫妇虽然很热情地接待了我，但毫不客气地对剧本提出了二十多处意见。尤其是对剧本中涉及对林则徐这个人物某些"局限性"的细节描写和对英国列强以及对琦善这个人物的某些重新解读非常不满。他们对我说："你是一个有成就的演员，不应去扮演这样一个林则徐。"我心里暗暗叫苦，心想：去听对剧本的意见，应该是编剧和导演的事，怎么把我搞来做替罪羊？

我只能将凌青先生的意见向剧组如实反映。同时，我听说广电部和电影局也对剧本提出了尖锐的意见，有些意见与凌青先生的意见相似。

我记得在后来正式传达意见时，时任广电部部长孙家正说过一句很有分量的话："我们不能在香港回归这一重大时刻，让观众看完这部电影坐在电影院里感到愕然。"

整个问题其实是比较复杂的。编导的本意一是要区别于老电影《林则徐》，使林则徐这个人物不要过于高大全；二是对那个时代、那场战争以及众多的中外历史人物，进行一番新的思考和解读，这个想法并不错。而这是一个巨大的工程，需要时间、卓识和智慧。尤其不能掺有一时功利的目的。

真正到了1997年7月1日香港回归的那一刻，我才体

艺海情怀——好人伴我一生

会到无论是什么样式，在那一刻人们只需要它起到展现全民族昂扬、振奋的精神。香港终于回到祖国怀抱，这部电影彰显出中华民族屈辱历史的结束。至于我们的老祖宗在一百年前做了些什么，可以以后慢慢总结讨论，没有必要在那一刻去深究。正如某家的老人过寿诞，你去贺寿时，告诉人家：你们祖辈如果会持家，你们家比现在有钱。尽管你可能是好意，但这话在此刻是多么的不合时宜。当年剧组想强调的"落后就要挨打"的主题，引起了很多的争议。我认为，这个命题的本身具有积极意义，而影片一是没有令人信服地演绎这个问题，二是选择的时间不对。1997年7月1日是中华民族历史上极为特殊的日子！

至于林则徐这个人物，在我以后若干年断断续续的研究中，我发现如果我们后人不是用所谓的"历史局限性"去苛求他，我认为林则徐其实是一位具有道德楷模力量的榜样。

其实，我认为流放途中的林则徐更伟大。一个被皇帝革去乌纱的囚徒，依然为国为民，为边防建设，为边疆水利工程，为边民的安居乐业，鞠躬尽瘁，死而后已。

电影《鸦片战争》的剧本经过了一番修改，于1996年6月中旬在广州开机了。历时半年多，转战中国广东、浙江、英国伦敦等地，于1997年春节前结束拍摄。

在这半年多的时间里，无论住在哪里，我都会将林公

六、再塑英雄

的照片端放在床头前。每次化妆前我都会伫立在他的照片前凝视,希望带着他的神态开始我一天的创作。影片审查之后,我记得谢导当众说了一句话:"鲍国安不仅能演曹操,也能演林则徐。"我知道,谢导的这句话是意味深长的。

在这一次的创作中,我要特别感谢一位老大姐,她就是陶斯亮。

与谢晋导演和陶斯亮女士(后排左一)

陶斯亮是谢导的朋友,应邀帮助剧组协调在广东拍摄时方方面面的关系。

当她得知我在创作中有一些压力和困惑时,时常会给我很多宽解和启发。她话说得很到位,对我很有"疗效"。

她虽是高干子女,且自己也身居高位,但十分平易近人,我亲切地称她"陶大姐"。在得知她的母亲曾妈妈患绝症住院后,我曾去医院看望。那景象令我难以置信。虽已在做化疗且年过八旬,但曾妈妈那份慈祥、那份端庄、那份美丽、那份天然,宛如观世音再世。

无论有什么样的非议,电影《鸦片战争》在香港回归的庆典活动中还是起到了锦上添花的作用,票房收入也不错。

谢晋导演在1995年政协提案中就确立了为1997年香港回归拍摄电影《鸦片战争》的想法。借用有关人士的说法:没有这部《鸦片战争》,在香港回归的那一刻,电影人仿佛集体失语。

我不仅随谢导等人到全国各地、韩国参加首映活动,还与谢导单独去了加拿大的蒙特利尔参加国际电影节。在中国香港,时任特首董建华出席了电影的首映式;在中国台湾,我们见到了当时还很年轻的马英九。

六、再塑英雄

与谢晋导演在蒙特利尔电影节

《鸦片战争》剧组在韩国

电影《鸦片战争》香港首映式(左二为苏民、左三为郎雄)

电影《鸦片战争》香港首映式（左一为林连昆）

在台湾桃园机场

六、再塑英雄

《鸦片战争》是那届蒙特利尔国际电影节的参赛影片。在我们电影放映后的第二天，一位华人给我送来一份当地的中文报纸，上面转载了其他报刊对电影《鸦片战争》的评论。

电影《鸦片战争》在蒙特利尔电影节上虽然没有获奖，但我在蒙特利尔的"收获"却是大大的。我认识了很多的华侨和中国留学生，他们不仅自驾车带我游览了蒙特利尔和魁北克等周边城市，还热情地请我吃饭。另一个收获是我见到了美国著名演员——"教父"马龙·白兰度，并出席了他的宴请。

事情是这样的，不知为什么，电影节主席转告谢导，美国著名影星马龙·白兰度正在蒙特利尔导演一部电影，他非常想看一看《鸦片战争》，并和中国代表团见见面，谢导应允了。我记得那天大家相约在当地一家电影院的小放映室里，马龙·白兰度如约而至。模样还是那个模样，但比他演《教父》时胖多了。大家见面后没有多说什么，就开始放电影。电影一结束，他立即站起来，似乎在寻找什么。当他看见我之后，走了过来，握住我的手说："我从你的眼睛里看到很多东西。"我听翻译转述了他的这句话之后，说了一句"Thank you"。之后，他一定要请我们吃晚饭，并表示他喜欢吃中餐，问我们想吃什么，我们表示客随主便。他真的带我们到了一家很漂亮的中餐厅，点了回锅肉、宫保鸡丁等几个菜，我看他吃得香极了。餐后，他亲自把我们送上了车，非常友好，也非常平易近人。但他究竟是为什么这样做？以后是否还和谢导有过联系？我都没有多问。

在加拿大的半个多月里，我有很多时间与谢导单独相处，加之后来在全国政协我们又同在一个文艺小组里，所以每年至少见一次面。谢导在我心中逐渐形成了一个完整而鲜明的形象。他为人真诚坦率，对演员尤其地关爱。我所接触过的导演中，只有他亲自过问演员吃的如何，住的如何。他创作态度严谨，七十多岁还经常在烈日下赤膊上阵，有时真让人看得心疼。生活中他很有趣，大家都知道他听力不好，他也以此打掩护：他愿意听的话，你说的声音再小，他也能听得见。他不愿听和不想听的话，你说的声音再大，他也装聋作哑。这个秘密，大家是逐渐发现的。其实，这也是谢导小事糊涂、大事不糊涂的一种大智慧。谢导喝起酒来十分豪爽，不太像江浙人，而更像一个山东汉子。不管他喝多少酒，我从来没见过他些许的失态，所以人称"酒仙"。

谢导的豪爽还表现在广交朋友方面。他有很多朋友，各行各业、形形色色的人都愿意和他做朋友，在彼此需要的时候，这些朋友都会互相帮助。

就在全国政协九届全国委员会第五次会议期间，想到

六、再塑英雄

今后与谢导见面的机会也许会少了,我又一次走进了谢导的房间。我对他说:"谢导,首先我要感谢您对我的提携和信任。在我刚刚演过曹操之后,您就敢于起用我扮演曾被一位大艺术家成功地演绎过的民族英雄。其次我更要向您说一声对不起。由于某些压力、困惑,以及我个人的杂念,我在《鸦片战争》的创作中如履薄冰,尽管我也付出了努力,但绝达不到《三国演义》那种忘我的创作状态,非常对不起。"

听完我的话,谢导没有再说什么。

我一生有幸。话剧《麦克白》、电视剧《三国演义》、电影《鸦片战争》是自己在戏剧和影视方面的代表作。这三部作品的导演——徐晓钟、王扶林、谢晋,也分别是当年戏剧及影视界的顶级导演。这三位名导演,都具有极其独特和鲜明的创作个性及人格魅力,可是他们三位都有一个共同之处:他们都是正直、善良、真诚、执着、严于律己的大好人。在我的艺术生涯中,能和这样三位长者合作,我感到自豪!

电影《鸦片战争》公映之后,我荣幸地被聘为林则徐基金会的理事。我几乎每年都要去一次福州,每次去都会看望林子东老人,去墓地拜谒林公。

基于对林公的崇敬,我对林公的了解不断深入。我曾与林则徐基金会、林子东女士以及相关的同志多次努力希

艺海情怀——好人伴我一生

望将林公被流放新疆后的故事搬上荧屏,但至今仍处于剧本的创作阶段。我深感心有余而力不足,林子东老人已过百岁,她在这个问题上给予我的信任,常常让我不安。

最后,在这里不能不记下一笔的是,在《鸦片战争》拍摄期间,我们的宝贝孙女鲍海冉于1996年10月3日出世了。我们以无比喜悦的心情迎接这位小天使的到来,她的到来使我的辈分陡然提升了一级,成了爷爷。

与大孙女鲍海冉

有媒体采访时曾问过我:"您在生活中的角色哪个做得比较好?"我脱口而出:"爷爷做得比较好。"是的,从她一出世,我对她的关爱、呵护超过任何人,对她的耐心也是"史无前例"。相比之下,我曾向她的爸爸鲍刚表示歉意,

六、再塑英雄

没想到鲍刚却拍着我的肩膀，宽宏大量地说："您别内疚，您刚当我爸爸的时候，您自己还是个孩子。"瞧，我这个儿子多会说话。

孙女出生的那几天，恰好《鸦片战争》剧组正在舟山群岛拍摄海上的戏，我因没有任务待在家里休息。于是朱兵负责在家做饭，我负责骑自行车给儿媳送饭。望着襁褓中的孙女，摸着她那胖乎乎的小脚丫，我十分陶醉。有时，我甚至能坐在她的小床边无声地看上一个多小时。我开始每天查字典，要为她起一个动听而有意义的名字。我们家的这个鲍姓，在字典上只有一个解释就是"鲍鱼"的鲍。鱼儿离不开水，我家祖籍又在海边，经多数人认可，我们为孙女起名为鲍海冉。希望她像太阳一样从大海上冉冉升起。以后的几年，和孙女在一起成为我最大的快乐，也成为医治我胃痛的一剂良药。我这个人生活中不爱放声大笑，只有孙女会逗得我哈哈大笑，让我忘记胃痛的感觉。那几年我经常在北海公园和孙女戏耍，这种天伦之乐，没有其他东西可以代替。孙女有病去不了幼儿园，只要我在家都是由我带她。等她病愈回家后，我便好似要得病了一样。记得孙女周岁那天，大家让她"抓周"，我把从蒙特利尔国际电影节带回的一个镶有加拿大枫叶图案的钥匙链放在儿媳准备的一堆物品中，没想到孙女一把就抓走了这个钥匙链。我高兴地说："好了，我们的海冉将来要当外交家了！"

艺海情怀——好人伴我一生

鲍海冉在《少林寺传奇》剧组

探望在台大就读的鲍海冉

海冉的父母工作都很忙,一到寒暑假我们就要带她一段时间。如果赶上我们正在剧组,她就会跟我们住到剧组。上海、西安、洛阳、长沙、深圳、涿州,海冉跟着我们去了很多地方,不过这倒使她增长了不少见识,也使我在疲惫的拍摄之余得到一种无法替代的放松和休息。

时光荏苒,如今海冉的身

六、再塑英雄

高已经超过她奶奶了,是个亭亭玉立的大姑娘了。她不仅已大学毕业,现在居然也做起了电影策划和编剧工作,并小有成就。记得她在中国人民大学附属小学读书时,我还应她之邀参加了他们学校举办的"亲子阅读比赛",爷孙俩同台朗诵了苏轼的《水调歌头》。由于当时我们都很忙,难得见面,我们是通过数次电话完成排练的。

让人高兴的是,十二年后二儿媳又为我们添了一个小孙女,乳名恬恬,大名鲍春晓。这个小家伙特别爱笑,一笑两个酒窝,灿烂极了。由于我们住在一个小区,无事时我和老伴每天要去看她两次。她两个多月时就能认人了,我一叫恬恬,她就会向我边笑边扭动起那胖乎乎的小身子,逗得我开怀大笑。这个时候奶奶就会说:"恬恬是爷爷的'开心果'。"为了这个孙女,我们尽量减少长期外出,生怕走的时间长了,回来以后她不认识我们了。

朱兵与小孙女鲍春晓

艺海情怀——好人伴我一生

年迈的兄弟姊妹及晚辈大合影

六、再塑英雄

2015年全家照

艺海情怀——好人伴我一生

写到这里又想起了一件事,北京电视台的编导得知我的岳父母在中国香港,邀请我和朱兵一定要参加他们为庆祝香港回归组成的一个"赴港联谊代表团"。成员中有郭兰英、梅葆玖、孙悦、郭峰等人,更巧的是他们还邀请了林子东。在香港会展中心文化广场除了中国香港各界代表之外,朱兵的母亲和在港的姐妹们也成了特邀嘉宾。林子东女士与朱兵母亲年龄相仿,两位老人一见如故,谈得非常投机。朱兵见状非常高兴,林子东也非常喜欢朱兵的性格。此后,朱兵便以"老娘"称林子东,我亦同样。

我与梅葆玖、林子东在香港迎回归

岳母与林子东在香港亲切合影

六、再塑英雄

1993年，我和朱兵在香港太平山

2007年我们搬了新家。房间布置好之后，经过深思熟虑，我决定要在客厅的正中央悬挂林则徐的名句"海纳百川 有容乃大"八个字。这时候，我想到了"老娘"林子东，希望请她为我们书写，她欣然同意。林子东在接到我电话以后，不顾三伏天的炎热，挥毫泼墨。八十六岁的高龄依旧书写出了那刚劲有力、饱含深情的八个大字。如今，这幅悬挂在墙上的横匾成了我们家的镇宅之宝。

艺海情怀——好人伴我一生

"镇宅之宝"在客厅

巧合的是,就在2008年北京奥运会之前,福州市人民和政府经过精心遴选,从应征的1700多条"城市精神表述语"的候选作品中,以表决的方式,最终确定"海纳百川有容乃大"为福州市"城市精神表述语"。

由于我扮演过林则徐,我好似就成了林公的代言人。这二十多年来,我参加过香港回归、澳门回归、林公诞辰纪念以及各种禁毒活动数十次。最富有戏剧性的是,2009年的6月8日,应中央电视台十二频道《第一线》栏目之邀,我将要参加6月26日为国际禁毒日制作的一期专题节目。时隔十三年之后(1996年6月8日电影《鸦片战争》于广东虎门威远炮台开机）在同一天，同一刻，我又站在了虎门威远炮台。面对茫茫大海，感慨万千。我不禁在内心深处套用古诗叨念着这样两句话：昔人（林公与谢导）已乘黄鹤去，此处空留两炮台。

最后我还要自豪地留下一笔，当年因为拍摄电影《鸦片战争》的需要，谢导与横店的徐文荣联手创建了如今被誉为"东方好莱坞"的浙江"横店影视城"，使我有幸成为走进该影城的第一位男演员。

七、一九九七年后

我于中戏毕业并留校工作之后，本以为后半生将要投入相当大的精力从事教学工作。没想到1997年之后，我却在影视圈里转来转去，直到退休。

电影《鸦片战争》刚刚上映不久，我又结识了著名导演潘小扬，他也是一位在选演员方面有独到见地的导演。当年王志文还默默无闻的时候，是潘小扬开掘了他，使他在潘小扬执导的《南行记》中崭露头角。

与潘小扬导演

七、一九九七年后

当时潘导正在筹拍电视剧《人间正道》,他选中我扮演剧中的男主人公——市委书记吴明雄。我特别感谢他向记者谈到选择我的原因:"在鲍国安身上,有着强烈的忧患意识和凛然正气……"在此之前,秉承阮若珊和黄宗江夫妇的教诲,我推掉了不少戏,其中大部分是历史剧。而《人间正道》的剧本令我激动。

演完《鸦片战争》之后,我已经逐渐意识到出演《三国演义》是上苍对我的一次眷顾,人生一次已属难得,不敢奢求。那么我今后选择剧本和角色的标准又应该是什么呢?我给自己确立了方向:一定是能让我热血沸腾的剧本和人物;一定能借剧本和人物宣泄我的爱与恨。没有感情冲动的支撑,我无法度过那漫长的拍摄周期。而潘导给我的这次机会使我在后十年有机会去印证自己方向的正确。

二十六集电视连续剧《人间正道》在中央电视台一套黄金时间播出之后,我接到了很多观众来信,不管我演得如何,市委书记吴明雄这个人物形象让观众感到振奋。甚至有些外地观众找到我家里,请我帮助他们解决冤案。

我在剧组里,几乎没有主动向导演推荐过演员。在确定了我担任《人间正道》的主演之后,潘导一时找不到扮演我副手的"市委副书记"人选。同时,另一个很重要的"县长"角色也没有合适的人选。我经过深思熟虑之后,推荐了我的赵二屏大哥扮演"市委副书记",推荐了在电影《鸦

艺海情怀 ——好人伴我一生

片战争》中饰演"关天培"的姜华同志扮演那位"县长"。结果,这两位老哥都极为争气,姜华还凭此角色一举夺得当年"飞天奖"的优秀男配角奖。

出演电视剧《人间正道》的姜华(左一)、赵二屏(右一)

潘小扬是一位很有文化底蕴的导演,人也很善良。后来我们又再次合作了电视剧《风雨乾坤》,我扮演男主人公——省纪委书记司马民望。

七、一九九七年后

在电视剧《风雨乾坤》中饰省纪委书记司马民望

在以后的十几年中，我在数部电影和电视剧作品中扮演过省委书记、市委书记、纪委书记、人大常委会主任、国安厅厅长、公安局局长、省军区司令员、海军少将以及关注妇女犯罪和青少年犯罪的律师。

 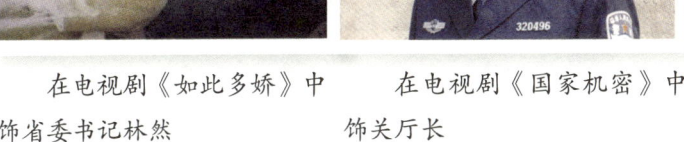

在电视剧《如此多娇》中饰省委书记林然　　在电视剧《国家机密》中饰关厅长

艺海情怀——好人伴我一生

在电视剧《沧海》中饰海军少将

在电视剧《风和日丽》中饰演省军区司令员,与马伊琍演父女

七、一九九七年后

实事求是地讲,出演这些人物形象履行了我对自己所立下的承诺。谢晋导演和潘小扬导演是最早成全我的人。当然我也感谢后来的那些导演。其中包括黄健中导演,他一定坚持要我扮演他执导的《越王勾践》中的伍子胥。这是个近乎完美的、集古代忠臣之大成的人物形象。此外,我还扮演过历史剧中的包公、刘伯温、魏徵、慧可方丈、左宗棠等刚正不阿的脊梁式人物,也扮演过唐太宗、朱元璋、秦昭襄王等古代君王形象,无一例外这些角色都是充满阳刚之气的血性男人。我感谢给予我扮演这些人物机会的所有导演。后来我还应邀在陈凯歌导演的电影《赵氏孤儿》中饰演赵盾,也算是与第五代电影导演有过一次合作。

在电视剧《越王勾践》中饰伍子胥

艺海情怀——好人伴我一生

在电视剧《船政风云》中饰左宗棠

在电视剧《武则天》中饰唐太宗

七、一九九七年后

在电视剧《新铡美案》中饰包公

在电视剧《帝师刘伯温》中饰演刘伯温

艺海情怀——好人伴我一生

在电视剧《大明天子》中饰朱元璋

在电视剧《西风烈》中饰秦昭襄王

七、一九九七年后

我曾出演电影《真心》，这部电影是根据真人真事改编的。它取材于新疆柯尔克孜自治州乌恰县人民医院院长吴登云的先进事迹。我最早是通过中央电视台的新闻报道了解到吴登云的，之后又通过报纸进一步了解了他的事迹。有一天我接到了这部电影的导演广春兰女士的邀请，请我在电影《真心》中扮演主人公——吴登云。基于事前我已被吴登云的事迹深深地感动，所以我欣然接受邀请。但是，当我看完剧本之后，却非常失望，我记得在我给广导的电话中直言不讳地提到，剧本远没有原报道令我感动，我不愿意演一个干巴巴的"先进人物"。广导听了我的话之后，表示剧本可以再修改，希望我一定要出演这个人物。这是1999年年末的事情。2000年8月份的某一天，我正在苏州拍摄电视剧《包公生死劫》，突然接到广导电话，告知我《真心》数易其稿之后，已有很大改进，拟10月份在新疆开机，仍希望我出演吴登云。接到这个电话，我非常感动，时隔近一年，广导仍不改初衷，一种"知恩图报"的冲动，让我在没有看到修改本的情况下，当即在电话中就接受了任务。后来我才知道，广导和蔡晓晴导演是北京电影学院（简称"北电"）导演系同班同学，我能先后与两位吃苦耐劳胜过男人的才女导演合作并得到认可，真是有幸。

艺海情怀——好人伴我一生

在电影《真心》中,饰演吴登云

9月24日,我奔赴电影《真心》外景地,到了吴登云工作和生活的实地——新疆乌恰县。按照我后来对媒体说的话:"一到乌恰,生活的气息扑面而来。"

电影《真心》剧照(一),在新疆乌恰实地拍摄　　电影《真心》剧照(二)

七、一九九七年后

乌恰县地处南疆,县城不大,民风淳朴,柯尔克孜族、维吾尔族、汉族、哈萨克族等多个民族和睦相处,人们都为本地产生了一位具有全国影响的模范人物吴登云而感到自豪。走在大街上,坐在路边摊贩的小凳子上,你可以随便向任何人发问,请他们谈谈他们所了解的吴登云。不过,大部分人脱口而出的,都离不开吴登云的那些主要事迹。

吴登云毕业于江苏高邮某医专,毕业后告别家人和未婚妻,毅然支援边疆建设,到了新疆边远的乌恰。那时的乌恰,缺医少药,而且当地的百姓绝大多数属于游牧民,吴登云要骑着马,跋山涉水,四处巡诊。乌恰地处帕米尔高原,吴登云初到乌恰,克服了许多难以想象的困难。许多内地同来的年轻医务工作者,都因难以坚持而离去,吴登云却以坚强的毅力傲然前往帕米尔高原,不久他还接来了未婚妻,决心扎根于边疆,安居乐业。

吴登云事迹中最感人的部分,一是他曾经数次为抢救患者献出自己的鲜血,总量有七千多毫升,这也相当于一个人自身血量的总和;二是他曾经为抢救一个被大面积烧伤的儿童,将自己的皮肤割下,移植在儿童患者的身上;三是他对同在乌恰医院工作的女儿严格要求,而不幸的是,做护士长的女儿在陪同一位患者转院乌鲁木齐返回的途中,遭遇车祸身亡,吴登云强忍悲痛,继续救死扶伤的伟大事业。

艺海情怀 ——好人伴我一生

仅以上三点，就足以让人感动！

我们听说过不少医生、护士为抢救患者尽心竭力的事迹，但我们绝少听说医生在手术台前将自己的鲜血输给患者，而且在几年中输了七千多毫升。我们更没有听说过一个医生为抢救患者，为了保证植皮的质量，在不注射麻醉剂的情况下，忍着巨大的疼痛，自己动手将自己的皮肤割下七小块……

这些事迹乍一听起来，你会被感动，再仔细地品味，你会被震撼。

到了乌恰以后，随着对人物的体验和感受，我急于想探究吴登云的内心世界。然而吴登云一是很谦虚，二是性格内向，他不多的言语，基本都在有关材料中讲述过。但是我不甘心，他的这些事迹太不一般了，我认为绝不亚于董存瑞舍身炸碉堡，黄继光奋力堵枪眼。这也是为什么吴登云的事迹能够如此轰动。他的这些事迹极具情感冲击力，但这崇高情感的源头究竟在哪里？

通过四处探访，我终于了解到一些材料之外的细节。

当吴燕遭遇车祸后，在吴登云的强烈要求下，将尸体停放在乌恰医院太平间，吴登云每晚都会点着蜡烛去太平间看望自己的女儿，围着女儿的尸体，一圈一圈默默地走着……在探访到这样一个细节之后，在乌恰的一个多月的时间里，我不能听到"吴燕"这两个字。不管是戏里戏外，只要听到"女儿"或"吴燕"的字眼,我就忍不住要热泪盈眶。

他把深深的爱全部给予了女儿,含辛茹苦地独自养育女儿成人,因为他和爱人早已离异,吴燕是他们的独生女,这种爱绝不同于寻常的父女之爱。

时隔多年,当我今天重提这些细节时,我仍不禁热泪盈眶。

在过去的年代里,人们曾探究过董存瑞舍身炸碉堡、黄继光奋力堵枪眼的那一瞬间在想些什么,其实我认为,看似惊天动地,实则归于自然。就仿佛涓涓流水,汇成河流,穿越险滩,惊涛拍岸!

每一个独特的人物,必有他独特的个性和独特的情感历程。而我们以往对英雄的颂扬,太偏重于共性,回避甚至惧怕人物个性的开掘。

对《真心》的创作,我还是有遗憾的。我们本可以培育出超凡脱俗,具有经典艺术价值的"英雄"之花,可却因种种的无奈,没能躲过"大路化"的结局。尽管后来《真心》在电影院里赢得了观众不少泪水,我却为自己看到了,想到了,却未能做到感到遗憾。越到后来,我越认识到"吴登云"的价值,我们的拍摄,其实只是管中窥豹,我们还是缺少与人物的"真实"的碰撞。

我感谢吴登云。我们后来还成了朋友,曾一起前往各

艺海情怀——好人伴我一生

地参加《真心》的首映式及很多电视台的晚会及访谈节目。后来他来北京开会，我和朱兵还曾带孙女鲍海冉去宾馆看望过他。吴登云真是一个大好人，命运对他的不公和他的惊天伟业交织在一起，让他的脸上刻满了沧桑，我却从未听他说过一句豪言壮语。只有提到女儿吴燕时，你才会感到他内心情感的波澜。我知道，铺天盖地的荣誉都无法抚慰他心灵的创伤。

看望来北京开会的吴登云

我记录下这样一段文字，是想在某种程度上弥补我的遗憾。

尽管如此，我主演的《鸦片战争》和《真心》两部电影被列入我国"百部爱国主义故事片"，也算让人欣慰。

七、一九九七年后

截止到目前，我已有多年未担纲主演了。在全国各地热播的《少林寺传奇》是1997年后的十年里我主演的最后一部片子。这部作品拍摄于2006年夏季，那一年既是我的本命年，也是我的六十大寿。按照老说法，本命年不宜多外出，加之身体状况不是特别好，最初剧组来邀请我的时候，我婉言谢绝了。没想到都晓导演派人多次和我联系并传话"智远方丈"一角儿非我莫属，最终令我感动而允诺。

《少林寺传奇》属于武打戏，对于这种打打杀杀的剧本，我并不钟爱，然而这个剧本自始至终贯穿着一种慈悲为怀的境界，让我有一种"禅悟"的感觉。我当时年届六十，"四大皆空"的佛家思想又让我有一种"顿悟"。于是我想，我就"剃度"出一回"家"吧。

说是主演，其实我在这个剧中是一片大绿叶，我的六位弟子和"女儿"才是七朵红花。我后来常比喻，我就像杂技中的底座，顶着七个"小东西"，而这七个"小东西"在全剧中的表演也相当精彩。

起初我也并不看好这个戏，但随着拍摄我有一种预感，这个戏将来可能要"火"。果然，2008年《少林寺传奇》在全国各地创下收视新高。众多的评论中，有一句话最让我受用：鲍国安从曹操的大奸大雄化身为大慈大悲的方丈……

艺海情怀——好人伴我一生

电视剧《少林寺传奇》师徒七人

与电视剧《少林寺传奇》系列导演都晓

七、一九九七年后

在电视剧《聪明的小空空》中饰演方丈

借用这句话,我就始于"奸雄",而归于"慈悲"吧。我不能不感谢都晓导演成全了我。

不知是因为《三国演义》,还是因为《鸦片战争》,1998年我正在岳母家过春节,突然接到儿子鲍毅的电话,说学

艺海情怀 —— 好人伴我一生

院人事处通知,我被选为第九届全国政协委员。我当时难以置信,我有什么成就能获此殊荣,难道又是天上掉馅饼?碰巧有一天我陪岳母去香港玛嘉烈医院看病,我无意间发现走廊的椅子上有一张《文汇报》,上面居然登载着第九届全国政协委员名单,在文艺界里我的名字确定无疑地印在上面,白纸黑字,没有错。

此后我做了第九、第十两届全国政协委员,参加了十次全国"两会"。任职期间我都恭恭敬敬地对待。十年的"两会"我没有请过一次假,也曾认真地写过提案和反映社情民意,履行了应尽的职责。

成为全国政协委员第二年的某一天,我接到学院党委书记的电话,告知我将被聘为中国监察部(今国家监察委员会)的特邀监察员,征求我的个人意愿。我后来到文化部(今文旅部)才得知,部里是按照中国监察部(今国家监察委员会)的要求选派两名特邀监察员,在部长会议上,最终从二十人中圈定了我和刘炳森同志。

中国监察部(今国家监察委员会)特邀监察员是我唯一的社会兼职,对于这份殊荣,我也恭敬有加。我做了两届十年的特邀监察员,四川大地震之后,我强烈要求参加中国监察部(今国家监察委员会)派往灾区的检查小组,最终却未能如愿。如今,这唯一的社会兼职也已结束了,我在学院也办理了退休手续。今后既无公职,也无社会兼职。

七、一九九七年后

压力也没有了,越发可以天马行空了。

退休以后,我戏拍得不多了,一年两三部。由于一些慢性病,男一号已经演不动了,寒冬和酷暑期间尽量不出门在外。因此我婉言谢绝过不少导演,哪怕一些"名导演"邀请。另外,我认为在没有遇到好剧本时去演一些自己不喜欢的角色,那是一种痛苦。

"触电"的活动减少了,舞台上的活动却又多了起来。这舞台上的活动不是演戏,而是朗诵。

朗诵专辑之一

我第一次以朗诵者的身份出现,是在1997年人民大会堂的赈灾义演上。当时还是我们的校友,曾经在话剧《安娣》中演过我老伴,如今经常在中央电视台晚会做语言类节目

艺海情怀 ——好人伴我一生

导演的娄乃鸣,约我去和李默然、丁嘉丽、李媛媛共同朗读《致抗洪前线将士》的一封信。这次义演的总导演是赵安。从此以后,我经常被赵安邀请到各种晚会上朗诵。那一阶段的晚会也特别多,"庆祝香港回归晚会""庆祝澳门回归晚会""纪念改革开放二十周年晚会""五一晚会""七一晚会""国庆晚会",等等。而在那两年所有的朗诵中,我最难忘的是参加"纪念冼星海《黄河大合唱》六十周年"的朗诵。

那是1999年,时逢冼星海创作的《黄河大合唱》六十周年。文化部(今文旅部)将要在人民大会堂组织隆重的纪念活动,并由严良堃先生指挥,由中央乐团等单位联合演出《黄河大合唱》。文化部(今文旅部)演出司的司长直接给我打电话,希望我担任合唱中的朗诵者。这个任务非同寻常,我慨然应允。

说起来,我对日本侵略者有一种天然的义愤。按说我出生在日本投降之后,在我的家族中,也没有什么受日本侵略者迫害的案例,但历史的事实浸透在我血液里的抗日情绪至今无法排解。虽然理智上也懂得要向前看,但民族过往的仇恨令人无法释怀。我也曾接到日本观众的来信,信中友好的言语也令我感动,我也回复了来信,但这并不能些许消融我抗日的情怀。日本人民是无辜的,也是受害者,但作为整个日本民族和他们的最高统治者从来没有向中华

七、一九九七年后

民族真正地忏悔和谢过罪,这是不能原谅的!反之,我敬重德意志民族,他们对纳粹时期给世界人民造成的巨大伤害,表示了真诚的忏悔和歉意。

说到这里,我突然想起了一件事。那还是1987年的初春,我在东三省招生结束,从哈尔滨到北京的列车软卧上,碰到一位中国台湾的去大庆探亲返程的退伍老兵,看样子已有七十多岁。一开始我被他的天津口音吸引,当他听我用地道的天津话向他问候时,他顿时矜持全无,把他的经历向我和盘托出。

他曾经是驻美国使馆副武官,之前是国民党空军将领。他很健谈,对大陆的变化充分肯定,对邓小平表示了极大的敬意。只是不知为什么说到日本时,他突然愤慨起来,痛骂日本侵略者,给我讲述了很多日本侵略者的罪行和当时他们空军浴血奋战的故事。他双眼中射出的怒火,是一种怎样的国仇家恨啊!那一晚,我与一位国民党老兵零距离的交谈,更强化了我的抗日情结。

由于他买的是上铺,我把我的下铺让给老人家了,他欣然接受。第二天,他要在天津下车,下车前他突然问了我一句:"天津早点还有'锅巴菜'①卖吗?"

我答:"还有。"

---

①锅巴菜:天津的一种小吃。

艺海情怀——好人伴我一生

他紧接着说了一句:"想死我了,馋死我了!"

我送老人下车,目送着他远去的身影,还能感受到一种军人的气概。

《黄河大合唱》是反映中华民族浴血奋战,抗击日本侵略者的一曲激昂澎湃的战歌,也是中华音乐经典中的巅峰之作。其中的朗诵词是一种诗化的呐喊,令人震撼。为了

《黄河大合唱》剧照

《黄河大合唱》剧照(全景)

七、一九九七年后

这次演出,我推掉了所有应酬和邀请,潜心准备。尤其是中间那一段长达十分钟的"独诵"真的让我为它付出了太多的心血,当然这是我心甘情愿的。

在那一个多月的准备时间里,除了白天练习,我整夜整夜地无法进入深层睡眠,朗诵词在我的脑海里就像停不下的留声机,一遍又一遍地转着,而且我突然发现自己的头发大量脱落,不过这依旧不影响我的兴奋和激动……

正式演出的那天,本来听说中央政治局常委都要来观看。不幸,就在那之前,美国的导弹轰炸了我国驻南斯拉夫大使馆,激起我举国上下同仇敌忾。因此出席当晚演出的只有李岚清和吴仪同志。而那场演出中的抗日情结自然地转化成对美国的声讨。整个晚会群情激昂,我的那一长段独诵获得了出乎意料的效果。演出结束后,吴仪同志上台握着我的手,特别夸奖了我。应该说,那天晚上的演出很成功。

严良堃先生的指挥出神入化;

乐队与合唱水乳交融;

各位歌唱家声情并茂;

台上的专业合唱与台下的庞大业余合唱团,气势磅礴;

我的朗诵撕心裂肺;

几千名观众融入其中,真情互动……

那真是让所有的人都为之动容、酣畅淋漓的一场演出!

艺海情怀 ——好人伴我一生

虽然这场演出距今已过去了二十多年，但我发现每年在中央电视台的许多频道都会重播这场演出，震撼力没有丝毫的衰减。

就我个人而言，唯一的遗憾是那场演出后的第二天，我的嗓子哑了。从此以后我的声带很容易疲劳。直到2005年，在"纪念中国人民抗日战争暨世界反法西斯战争六十周年——为了正义与和平"文艺晚会的演出期间，我的声带完全经不起折腾了。

"纪念中国人民抗日战争暨世界反法西斯战争六十周年——为了正义与和平"文艺晚会上朗诵《义勇军进行曲》

以前我被人们称为"铁嗓子"。《麦克白》连演月余，每天有十几段的独白，第二天声音照旧洪亮。可现在只要稍微用量过度,第二天就不行了。有的时候真的是心有余而力不足了。但我始终不为此懊悔,我觉得值得!能在那样一些场合,代表全民族向世界呐喊,死而无憾!

阎肃老爷子负责"纪念中国人民抗日战争暨世界反法西斯战争六十周年——为了正义与和平"文艺晚会的撰稿,此前就向我打过招呼:"鲍国安这次有你的朗诵。"可我没料到,让我朗诵的竟是没有任何改动的《义勇军进行曲》的歌词:

> 起来!不愿做奴隶的人们!
> 把我们的血肉,筑成我们新的长城!
> 中华民族到了最危险的时候,
> 每个人被迫发出最后的吼声。
> 起来!起来!起来!
> 我们万众一心,
> 冒着敌人的炮火,前进!
> 冒着敌人的炮火,前进!
> 前进!
> 前进进!

晚会的导演张继钢开始要求我在录音棚里录一遍,为的是帮助舞蹈演员在排练中调动情绪。整个晚会的开篇就是朗诵《义勇军进行曲》,关乎全场演出的定调。录音前张继钢嘱咐我,要竭尽全力,要有震撼力。其实这倒不用他来嘱咐，我的抗日情结，会让我不遗余力！万万没想到，这一版录音竟成了绝版，我不遗余力的结果是嗓子彻底哑掉了。由于年龄的关系，声带嘶哑之后恢复的周期越来越长了，直至演出前，我的声音仍旧无法恢复。万般无奈之下，搞了一次假唱，也就是演出中放我那绝版的录音，我在现场对口型。当然，一般人不会知道，震撼力依旧。就连紧接我朗诵之后独唱的彭丽媛对我都说了两三次："鲍老师，我就靠您的朗诵来调动情绪了。"我知道，她的言外之意是希望我每场演出都保持这种激昂，所以为了不破坏她的"情绪"，我不忍心告诉她，我每天都是在对口型。

  知我者，阎肃老爷子。在"向祖国报告——2008迎七一暨抗震救灾文艺晚会"的演出中，我奉朱彤主任之命，在一个反映灾区人民抗震救灾的情景剧中，扮演一位老支书。几天排练下来，我的声音又哑掉了。别的人可能不大理解，结果那天在中央电视台二楼餐厅碰到了阎肃老爷子，他张口第一句话就是："鲍国安，你这个嗓子就是'六十年'（指'纪念中国人民抗日战争暨世界反法西斯战争六十周年——为了正义与和平'文艺晚会）给喊坏的。"

七、一九九七年后

"向祖国报告——2008迎七一暨抗震救灾文艺晚会"上小品《希望之光》剧照

我情不自禁地要去拥抱老爷子……

应当说，最让我自豪的是2008年元旦钟声敲过之后，我应邀站在首都的中轴线上，立于北京鼓楼之上，面对多架摄像机的镜头，向着全世界无比豪迈地朗诵了《奥运年赋》。那情那景，如梦如幻，终生难忘！

艺海情怀 ——好人伴我一生

2008年元旦钟声之后在鼓楼上朗诵《奥运年赋》

我记得那天夜里特别寒冷,北风呼啸着,低温至零下十五六摄氏度。主办方担心我只着一身西装受不了(因为年轻的主持人都穿上了防寒服)。但我别无选择,为了同一个梦想,为了好运北京,为了那样一份庄重,值得!

还有让我感到值得的是,我参加了2009年为庆祝中华人民共和国成立六十周年在人民大会堂的文艺演出。这次演出从排练至全部结束历时几个月,我虽为此推掉了一些商业演出,但我心甘情愿。总导演依然是张继钢,我感谢导演组对我的邀请,让我在晚会的开篇朗诵《山河祭》。这一年我已经六十三岁了,我以对祖国的全部赤诚和对我们民族历史的感悟将著名词作家任卫新的泣血之作化为我的泣血之呐喊!

七、一九九七年后

2009年，在"庆祝中华人民共和国成立六十周年大型文艺晚会——复兴之路"上朗诵《山河祭》

我也曾为自己总结过，我朗诵的特点是什么？其实如果让一些朗诵大家来评论我，我的朗诵很"业余"，很"不规范"。但我的"业余"和"不规范"恰是我的特点，我有时可能像一匹脱缰的野马，不受约束，纵情驰骋。我不太注重通常那些朗诵技巧，时常凭着有感而发和临场的即兴，尽量脱开模式化的腔调而饱有一种新鲜的活力。我在教学中最痛恨朗诵的装腔作势和虚张声势。后来国家新增设了清明节和端午节两个假期，我应邀分别到南京和长沙参加为纪念这两个节日而举办的"中华经典诗文朗诵会"，分别朗诵了臧克家的《有的人》和范仲淹的《岳阳楼记》。这两篇是我非常喜爱的作品，因此，朗诵得充满激情。我很希望在有生之年到祖国各地去朗诵这两部作品。

我感谢很多导演，是他们看中了我的"业余"和"不规范",使我在1997以后的十几年中,有了朗诵这样一个副业,得以凭借这样一个形式,去抒发和宣泄自己的爱恨情怀。

为配合电视剧《国家机密Ⅱ》在中央电视台的播出,中央电视台《影视俱乐部》栏目的导演打来电话,要做一期访谈节目,希望我提前考虑两个问题:一是我在生活中是否被人欺骗过,被欺骗之后如何寻找心理平衡?二是对重拍《三国演义》以及由其他演员扮演曹操有什么看法?

我想说的是新版电视剧《三国演义》和以后在影视剧中扮演曹操的演员们比我们那时幸福多了:没有条条框框,没有束缚,没有高压,完全可以像鸟一样在自由的天空中翱翔。是的,概念化和非人性化将一去不复返。历史的车轮滚滚向前,长江后浪推前浪!我还想说的是,罗贯中笔下的"曹操"是一个文学的经典形象,他和历史上真实的曹操以及众多新编历史剧中的曹操不是一回事。

最无巧不成书的是,电影《赤壁》中曹操的扮演者张丰毅和在新版《三国》中扮演曹操的陈建斌与我同属一个经纪公司。我曾和我们公司的老板开玩笑说:你这个公司盛产"曹操",老、中、青三代"曹操"同出一个公司,干脆就叫"曹操公司"吧。

七、一九九七年后

与张丰毅、陈建斌（三个曹操）相聚

回到《影视俱乐部》栏目导演的第一个问题。这个问题可把我给害苦了，因为考虑到第二天录制现场的效果，我要尽可能地从过往的记忆中搜寻出一个比较有意思的"被骗"案例，没想到为此害得我一夜没睡好觉。我把几十年的往事在脑子里过了一遍，不但没搜寻出什么有意思的"被骗"案例，就连没意思的也想不出什么。是我记忆衰退了吗？不是啊！对我有过帮助的人和事，一想一个，一想一个，举不胜举。但"被骗"的经历却仿佛失忆了。

就说请保姆这件事吧，常听一些雇主说被保姆骗了什么东西。我为我的老母亲前后请过二十多位保姆，长的干了四五年，少则三四个月，我们彼此以诚相待，谁也没有

225

骗过谁。尤其是我们晚年有缘遇到的一位河南籍的阿姨韦玉灵（她不识字，我们都亲昵地统称她为"嫂子"）和一位安徽籍的阿姨鲁仁琴，她们让我们感受到善良和温暖。

说到老母亲，我不禁又想起了一位好医生，他是望京医院骨科的宋跃大夫。我们的结识是因为老母亲那年不慎摔断股骨头住进望京医院。因担心母亲，我们也曾在手术前给医生送去红包，但却几次遭到宋大夫的拒收。这几次送红包的行动我都未出面，但我听家人描述之后，对宋大夫那种超凡脱俗、坦荡自然的人品、医德肃然起敬。之后母亲有病住院还多次麻烦过他，他都在力所能及的范围内给予关照和帮助。

说到这里，我不能不写一写我前面提到的"老板"。我的老板叫袁立章，说是老板，可他的年龄比我小儿子还要小一岁。他毕业于山东大学中文系，如今又是中国传媒大学的硕士毕业生。年轻人的不甘寂寞，让他和朋友开了一家经纪公司。公司成立之后，他第一个找到我，希望做我的经纪人。我再三考虑之后，答应试一试，而这一试就是几十年过去了。准确地说，我们成了忘年交，从情感上说，我们情同父子。这个小伙子，最优秀的品质就是"诚信"二字。无论他为你做什么事情，无论多少钱过他的手，都是清清楚楚，明明白白。很多事情他想得很周全，事无巨细。我的父亲在上海去世了，他闻讯后立即赶到上海，使我于悲痛和筋疲力尽之中感到莫大的安慰，仿佛在跌跌撞撞之

七、一九九七年后

中突然获得支撑的感觉……

老板袁立章

由于他与影视传媒界的良好关系，在处理很多问题方面，我免去了不少后顾之忧。我很欣慰五十多岁以后，身边有了这么一位体己的"忘年交"，帮我打理许多事情……

再有就是公司的年轻干事刘禹成，我称他为"刘大能"。此人能干至极、聪明至极、勤快至极。无论是工作上的事，还是生活上的事，大事小情真是帮我打理了不少，化解了我的许多后顾之忧。

艺海情怀 ——好人伴我一生

与公司能人刘禹成在剧组

2016年，是我迈入七十高龄的年份。过去说"七十古来稀"，而我觉得自己好似正当年。然而无奈的是最能显现年龄的记忆力衰退无法躲避。

我过去在圈内背台词还是小有名气的，乃至有传说某些演员在现场会说："鲍国安来了，赶快背词！"如今，我自己背台词也困难了。

我总觉得，一个演员在现场背不下台词，以致让别人

"提词"，是很丢人的事。尤其是在盛夏严冬，录音员手举话筒杆和全场各部门的工作人员被一个数遍拿不下台词的演员折磨着，着实令人痛恨。所以，自己在还没有被别人耻笑之前，自动地、体面地、全身而退为好。

借着《少林寺传奇4》媒体现场采访的机会，我表示了自己年事已高，将要息影的愿望。可就在表达了这个愿望之后的七十寿诞，却成了我这一生中最忙的一年。我干了我所能胜任的艺术门类中所有的项目——电视剧、电影、主持人、晚会朗诵、主讲人，等等。

最没有想到的是，就在我七十岁生日过后，我又做了一次中央电视台中文国际频道《国家记忆》的主讲人。

说起我与央视的合作，还要追溯到1991年应邀参加电视连续剧《三国演义》的拍摄。自那以后20多年的时间里，我参与过的央视大部分频道不同栏目、不同形式的节目不计其数。我可能因此拥有一些粉丝，但我自己同样也是央视某些栏目和主持人的粉丝。

1994年5月左右，连续拍摄了三年多的电视连续剧《三国演义》终告结束。我和同是教师的老伴趁着暑假去香港探望她的父母和兄弟姐妹。香港的亲朋好友们知道我在央视拍戏，就不约而同地对我说："你们央视有个叫徐俐的女主持人很棒哦……"

"徐俐好靓哦……"

艺海情怀——好人伴我一生

"央视中文国际频道的节目信息量很大,很好看!"

……

听着他们的这些议论,我只是茫然地点头附和。因为我当时根本不知道徐俐是何许人也,对央视的中文国际频道也一无所知。

在拍摄《三国演义》三年多的时间里,我是"两耳不闻天下事,一心只拍'三国'戏",电视机很少打开。而算起来央视中文国际频道恰是在那个时间段开播的,因此我是孤陋寡闻了。

在香港探亲的一个多月,当时家里能看到的电视节目,唯一能听得懂的、说普通话的,恰恰就只有央视的中文国际频道。我也由此见识了徐俐为何许人也。

当年徐俐那自然、纯朴、热情的播音风格也一下子吸引了我。而且后来我出国访问,也听到不少华人议论:

"一个徐俐让我们感受到了祖国电视新闻播音员的风采,让我们海外华人觉得脸上有光。"

"有了中文国际频道,及时看到祖国变化如此之大,真是大长海外华人的志气!"

再巧不过的是,1994年在香港暑假没度完,我就被召回参加央视无锡"三国城"的一个晚会。没料到的是,晚会的主持人竟恰恰是徐俐,这真是上天的安排。

轮到我登上舞台以后,我悄声地对她说了一句:"我刚

七、一九九七年后

从香港回来,香港的观众很喜欢你。"她轻声地回了一句:"谢谢!"

就这样,从此以后,央视4套的《中国新闻》《海峡两岸》就成了我和老伴每晚必看的节目。即使我们出国旅游,每到一个国家,住进酒店的第一件事也是打开电视,搜寻央视中文国际频道。搜到了央视中文国际频道,就仿佛感到我们虽然漂洋过海,却还是和祖国在一起,仍能知晓国内日新月异的变化。

后来我发现不仅我们如此,很多海外华人、中国游客,也是如此。他们白天用餐的时间满大街觅食"舌尖上的中国",一饱口福;晚上则是打开电视搜寻中文国际频道,寻求精神食粮,也是一饱眼福。从而一解乡愁,获得心灵的慰藉。

时隔二十二年之后,还是在香港,又是我陪老伴探亲,而且恰恰是在我七十岁生日的那一天,我突然接到央视4套徐导和姜导的电话。他们告诉我,央视中文频道将要开播一档新栏目——《国家记忆》,邀我做节目主讲人。同时,大致介绍了该节目的创意、主旨和具体内容。我听后欣然应允,我认为这是上天的一次安排。真没想到,我这个央视4套的老粉丝,也要在中文国际频道闪亮登场了。

我在香港的亲朋好友们得知后也都认为这是一件很有意义的事。因为他们对央视最多的了解也是来自中文国际频道，故而都对中文国际频道有一种特别的亲切感。最有趣的是他们都迫不及待地要先阅读姜导传来的文稿，想先睹为快，并主动要求帮我打印文稿，仿佛也参与了这件有意义的事儿，从而乐在其中。

我很快从香港返回北京，先后录制了数期《国家记忆》的节目。频道和栏目的负责同志还到录制现场看望了我，令我感动。而让我感受最深的是《国家记忆》创作团队的可爱。

为什么要用"可爱"这两个字？因为他们大多是年轻人，既富有朝气，又富有创造精神；既工作严谨，待人接物又亲切有礼。有的年轻人直呼我和老伴为"爷爷奶奶"，让我们感觉十分温暖，工作起来也就不知疲倦。

更没想到的是节目一播出，散居在世界各地的亲朋好友和老同学的反馈竟是那么迅速。他们纷纷发来微信或者打电话，甚至多年失去联系的老朋友也想方设法寻找我的联系方式，打来越洋电话。他们迫不及待地发表对《国家记忆》的观后感，对这档节目表示由衷赞赏。我上过央视那么多频道的节目，却从未有像《国家记忆》这样，收到海外那么多朋友如此迅速的反应。

他们认为：由中文国际频道做这档节目有神圣、庄重和权威之感，尤其是当前网络发达，有关历史的解读五花八门，而且流传甚广，很需要权威部门发出权威的史料以正视听，还原历史本来面目。

七、一九九七年后

看了《国家记忆》的播出，观众可以感到历史资料的珍贵、丰富。这个节目史料脉络清晰、逻辑性强、情节真实感人、人物分析细致、富有人情味，政治、军事题材也更富有活力、感染力和说服力。通过《国家记忆》，观众看到了我党一切从人民利益出发，尊重历史、尊重社会的胸怀和对历史、对社会、对人民负责的崇高责任感。从国家发展史、民族英烈史中，人们也看到了国家前进的脚步，看到了国家脊梁所铸造的国魂！

《国家记忆》从讲历史入手，采用边述边议的方式，很有深度。以历史记录为依据，请当事人和有关联的人参与是这个栏目的特点，它增加了节目的真实性和人情味，增强了说服力。

说实话，这些反响是我始料未及的，让我更加感到七十岁之后又做了一件很有意义的事情。

担任中央电视台第4频道《国家记忆》主讲人

艺海情怀 ——好人伴我一生

2020年2月18日是我从艺60周年的日子。老伴陪我下馆子小庆了一下。

转瞬之间我已成为一位近八十岁的老人了，余下的人生如何度过？我给自己规划了一个别样的愿景。

不少老人用书法和绘画来打发时间，而我不想再和自己"较劲"。我要由一个"创作者"彻底转变为一个"欣赏品评者"。

七十岁的我立志绝不做一个忽悠别人又忽悠自己的人，我要力争让自己进入"清静无为"的状态。就在这时，偶然的机会让我发现了 iPad 中的戏曲世界，真是太美妙了！

因为我从小就是一个戏曲爱好者，只是后来因为种种原因，中断了戏瘾。如今我有了大把的时间，何乐而不为。除了在 iPad 上听戏、看戏，一有机会我还坐高铁去外地看戏，这将成为我晚年生活的一大快事。所谓享受生活，能听到和看到赏心悦目的戏曲表演是我最大的享受。

戏曲表演与影视、话剧表演最大的区别在于它的程式化。越欣赏就越惊叹那些"唱、念、做、打"程式的创造者，太美妙了，我常常陶醉其中。

我太喜爱中国的戏曲了：京剧、评剧、梆子戏、越剧等，我都酷爱，爱听爱看！

过去几十年我忙于生计，忙于教学，忙于为观众创作影视作品，无暇顾及自己个人的爱好。现在好了，有大把

七、一九九七年后

的空闲时间。我不仅在家里听在家里看,在北京听在北京看,在我身体允许的情况下我还坐着高铁、飞机专程去天津、沈阳、石家庄、上海、杭州……去看、去听、去现场过观赏之瘾!

我曾有幸结识京剧大师厉慧良、梅葆玖先生、著名河北梆子女须生吴桂云、著名越剧女小生茅威涛、著名评剧小生刘亚斌、著名青年京剧武生郝帅和詹磊……他们都曾为我提供过观摩机会。

我要在晚年把自己培养成一个"美听家"和"美看家",同时也兼顾成为一名"美食家"。因为我也会为一顿美食(其实不过是一些地方特色小吃)专程去一趟外地……

我还有一堆年轻时节衣缩食买的但无暇看的世界名著,现在有时间来细看和品评了……

当然这一切都需要有一副硬朗的身板,我现在每天坚持做两三个小时的家务(擦地、抹桌、洗衣和熨衣等),每天再跑跑步、做做操,我觉得这是一种很好的锻炼和养生。

说来说去,人老了,退出各种舞台,回归最接地气的晚年生活是最幸福的。

说到身体,我必须要感激北京协和医院众多的医生和护士,几十年来对我的优质呵护。

说到最后,能有我的今天,最终还是归于这一句——好人伴我一生。我这一生遇到了太多太多的好人,得到了他们好心的帮助、无私的提携、潜移默化的影响。

此时此刻我默想他们有的尚健在,有的已魂归故里,我在此一并遥拜:

好人一生平安,逝者长眠安息!

2022 年 8 月修订

附：人物创作笔记三篇

一次艰难的创作[①]

麦克白是世界经典戏剧中的典型人物，以我的生活经历和艺术修养扮演这个角色实在是力不能及。虽然担心"不孚众望"但我还是接受了任务，内心的忐忑严重影响了我的创作欲望。我就是以这样的精神状态投入这次创作的。刚开始阅读剧本之后，莎翁巨作的深奥和复杂使我望而生畏。习惯于在小天地里做一般化表演的我，要想在这个大天地中驰骋，实非轻而易举之事。尤其是这个戏的演出，在世界上早有各种定评，我们晚生后辈如何敢轻举妄动。我要

---

①发表于1981年第二期中央戏剧学院院刊《戏剧学习》。

感谢孙家琇先生,是她生动精辟的分析使我们从深奥中窥见了丰富,从复杂中看到了多彩。加之老师和同学们的鼓励,我才慢慢地产生了一点创作欲望。现将自己的一些浅薄体会粗略地整理出来,奉献给母校。

最高任务

　　战斗力是戏剧艺术自诞生之日起就具有的功能。如何使一部外国古典剧作焕发新的生命,使全体创作人员对它产生由衷的热情,我认为,确定演出最高任务是至关重要的。它的确定,能体现出导演对剧本主题思想和人物形象认识的深度,更能激发创作集体的创作热情。当我以一种忐忑的心情接受了任务之后,其中最能拨动我心弦的是导演对演出最高任务的阐述:"希望我们的演出给人们敲起警钟,警惕道德品质的变化。权欲和野心可以将一名将军沦为小人。当然,也可以使你同样毁灭。一切言行要用社会主义道德法制来衡量,希望观众看了演出之后能更加热爱自己的祖国和人民,牢记自己的责任。一个人贪得无厌追求个人野心,人民就要唾弃你,历史就将惩罚你、嘲弄你。让我们怀着对道德力量的信念,克服重重困难,辛勤创作,献给亲爱的祖国和人民。希望观众能受到震撼。当他们走出剧场时能更关心祖国的命运、人生意义和人格价值,不要因为一时一事背离祖国、践踏人生价值、悔恨人生……"听完这些阐述之后,我内心沸腾起来了。当我再读剧本时我仿佛觉得莎士比亚距离我们并不那么遥远,麦克白这个人物也并不那么陌生,我似乎能感觉到一点他跳动的脉搏。时值盛夏,夜间仰望星空,不禁产生许多联想。带着这种最初创作的激情,我重新阅读了国内外有关剧评和时代背景介绍,以及老师们的讲课记录。这时,我在理性认识上似乎有了一个小的飞跃。在此基础上,借暑假的时间,我开始摸索着厘清人物的思想线,缓慢地进入了创作状态。

心脑并用

通过头脑理出的人物思想线只是人物思想发展的一个骨架,尤其是对于创作一个哲理性很强的外国古典悲剧中的人物,仅此并不能展开人物的有机行动,这是我的一个新苦恼。外国剧评中曾以此剧为例称莎士比亚为犯罪心理学家。如何将麦克白弑君篡位前前后后的复杂心理融化在自己的情感之中,获得活生生的感受,实在是一个难题。由于这个问题没有得到解决,我在最初的片段排练中只能笼统地、大概地、想当然地和情绪地去表演人物的凶狠、权欲、恐惧和悔恨。越演心里越空,越演越丧失信念。加之语言、形体等外部技巧的要求,使我顾此失彼、手足无措,心急如焚。当时一天三班排练，深夜辗转不能成眠，那种痛苦是不言而喻的。正当我感到山穷水尽的时候，我偶然从报纸上看到一桩银行抢劫案破案的报道。记者对案犯犯罪前后内心活动绘声绘色的描写一下子又触动了我的心弦。它好似一种媒介，使我联想到麦克白。我想，麦克白首先也是一个"人"，而且是一个具有资产阶级道德敏感的人。虽说他在战场上杀人如麻，但谋杀犯罪尚是头一次；况且是谋杀自己曾受其恩宠的国王……想着想着，我突然感到自己的心脏在收缩，心跳加快了，当我意识到这一点时，心里高兴极了，我因自己的心第一次为人物跳动而感到莫大的欢乐。同时我也逐步意识到，尽管时常说要"从人物出发""从生活出发"，但一种无形的概念还总是羁绊着我。我在思考麦克白这一人物时，不是着眼于"一个英雄的沉沦"，而总是有意无意地想着"一个坏蛋的灭亡"。

这样，就会从根本上违背作家的立意，削弱了主题思想的揭示。麦克白也不会成为一个悲剧的主人公了。莎士比亚在这出社会心理悲剧中，以朴素的辩证手法展现了一个英雄沉沦的全过程，是具有一定的历史意义和现实意义的。

将麦克白这一人物的复杂心理简单化或某种概念化的图解，就失去了这种意义，演员也就无法获得真实的内心体验。

由脑到心，心脑并用，我又产生了许多联想。我不仅想到历史上曾发生的一些事件和人物,更想到在"文化大革命"中发生的一些事件和人物。我想到那些为权欲出卖灵魂以至丧生的人,我也想到自己在那一段时间中许多复杂、丰富的思想情感的变化。我想到自己曾经为要在某些个人利益与集体利益之间做出抉择而斗争的活生生的思想和心理状态,在精神上遭受打击之后求助于睡眠的慰藉和妻子安抚的精神状态……我时而想想周围的人,包括我自己,时而想想麦克白。我的心跳加速现象越来越频繁了。毋庸讳言,在麦克白这样一个欧洲中世纪人物的身上,注入了许多我们现代人的血液。这种理解当否,只有恭听指教了。这时,我感到自己是在以心去感受,以脑去辨别,联想越来越多,自觉心里渐渐地有了依托。在这个过程中我体会到没有激情就没有想象。一个演员要有想象力,而想象力不是从天上掉下来的,先得具有一定思想修养和文艺修养的基础。在创作一个人物时,只有当自己的心能不时按照人物的心境和脉搏去跳动时,才会迸发出人物行为的火花。想象总是伴随着对人物的深刻理解和强烈的创作冲动而产生的。没有正确的创作激情就没有想象。同时,在扮演一个反面人物时,尤其是扮演麦克白这样一个典型的有变化有发展的"反面"人物时,要自觉地摒弃掉自我批评的成分,为人物的思想变化、思想发展和人物关系寻找坚实的心理依据,否则是无法展开想象的。

艺海情怀 ——好人伴我一生

依据剧本和人物,加上自己的理解和感受,我对人物提出了这样的设想:麦克白系贵族出身,武门之后,有一定的教养,具有高贵的仪表,骁勇善战,兼备文武两种素质。他既经历了沙场的风尘,也饱览了官场的风波。随着地位的擢升,个人奋斗的雄心不断上涨,决意做"人上人",是他的人生观。

这是一个悲剧性的人物,悲剧性在于他本是一个英雄,由于野心和权欲的驱使走上了谋杀篡位——进而毁灭的道路。

这是一个色彩丰富的人物,他的出身和教养形成了高贵的仪表,久经沙场形成他的大将风度。在战场上,他叱咤风云、英姿勃勃;在官场上,他巧于周旋,落落大方。人物的基调应偏粗犷一些。

这是一个比较内向的人物,他不易喜形于色,工于心计,在一般情况下能掩盖住自己内心的隐秘。

这是一个颇有"人情味"的人物,在战场上虽冷酷无情,在家庭生活中却温文尔雅,极尽柔情。在官场上他亦能不卑不亢,慷慨待人,应该说他的"群众关系"是比较好的,在官场上和军队中都具有一定威望。这也是他能在邓肯王死后被推举登上王位的一个重要原因。

这是一个思想性格不断发展着的人物,变化很大,对比鲜明,要把握好人物发展变化层次,注意人物行动的动机是很重要的。

这是一个集多种矛盾对立的思想性格于一身的人物，这种矛盾大量地通过独白、旁白以内心冲突的形式展现出来。

要展现好人物的内心冲突和心理变化，必须寻找恰当的外部表现形式，而这种形式恐怕主要以人物细腻、准确、鲜明的自我感觉为主，借助物（道具）和调度为辅。

要从人物的真实出发，而不是从某种"概念"出发。麦克白思想性格的发展不是直线而是曲线上升，是进三步退两步地向前发展的。要不断地发现矛盾，不断地抉择，要有具体而细致的思想冲突的内容。

要充分注意和展现麦克白富于想象、联想、思想容易很快地出现视像的特点。

由内到外

在表演方法上似乎有"由内到外"与"由外到内"之说。

我个人才疏识浅，不置可否。况且，自己是个学生，没有形成什么表演方法。但仅就此次创作而言，却走的是"由内到外"的路子。

扮演麦克白这样一个人物，对演员外部技术条件的要求是很高的。无论形体、台词、声音，乃至气息的运用，都要求具有一定的表现力。同时,从这个戏的题材风格出发,要求外部形式具有一定的形式感,难度是比较大的。要我这样一个演员在几个月之内解决这些课题,无疑是一件异常艰难的事情。特别是麦克白在全剧中的八大段独白,更是令我惧怕。我是第一次出演外国戏,更是首次接触这种独白,开始片段排练的时候,我简直连话都说不出来了。真有点谈虎色变的味道。在形体上更是手足无措、力不从心,而且越排形体越僵,尝够了"魂不附体"的滋味。这时,我简直完全丧失了信心,处在一种极端被动的创作状态里。现在回想起当时的情况,未免感到可笑,但那时的确是头脑发蒙,内心茫然。

当时我曾反复考虑,我的形体缺乏有素的训练,在排练初期就想"以外带内"是根本办不到的。而且我认识到我是被这个戏所需要的"形式感"吓坏了,如此长久地被动下去,不仅无法完成任务,后果亦将不堪设想。我考虑:麦克白虽说是中世纪英格兰的一员大将,但他毕竟也是一个"人",不将一个人的丰富的、活生生的内心世界开掘透,就在外部寻求形式感,是违背艺术创作的科学规律的。至少对我是不适宜的。因此,我为自己重新设立了一个矫枉过正的"战略方针",那就是在排练场上完全从内部入手,开始先不去考虑外部的东西,更不急于寻求什么"表现力"。我把每天的晨功和形体课作为逐渐获得一些外部感觉的积累过程，平日准备任务和排练时则全力排除一切干扰，牢牢地把握人物的心理行动线，不断探求人物内心状态。在角色的规定情境中积极地去行动，在冲突中，在人物之间的交往中，用自己整个身心去感受，激发自己尽可能地产生一些活生生的情感。对产生出来的东西，我也不急于从调度、形体、台词的逻辑重音等方面加以确定，而是力争在每一次排练中不断地深化它，不断地根据新的感受做出相应的调整。感谢老师和分场导演的同学们的热情诚挚的帮助，给了我充分创作的自由。他们虚怀若谷，从未因为我在第二天的排练和连排中改变了头一天的某些东西而责难我，而是因势利导，支持和帮助了我对人物内心世界的不断挖掘。他们不急于求成，不急于提出某些外部的要求，更不强制我接受某些要求。在这个过程中，我有时外部形体很不像样，表现力亦很差，老师和同学们心中有数，却都不露声色。这样，我的内心活动慢慢地充实起来，感到有了依托，便开始有信心地、按照人物的思想逻辑，建立起较为有机的舞台生活。

《麦克白》是一出社会心理悲剧，人物的内心世界和人物关系是很复杂的，发展和变化亦是丰富细致的。创造这样一个人物，不对人物内心世界和人物关系反复揣摩，不深挖冲突的内涵，急于勾勒出一个轮廓，很可能是欲速则不达。而做成夹生饭，再回炉就很难补救了。一些一般性的对人物和人物关系的理解，一些司空见惯的艺术处理手段，对于这样一个戏是不适用的。舞台调度和其他外部形式的过早确立，往往成为导演和演员不断探索、不断深化的绊脚石。一定的形式反映一定的内容，要想在内容上有所突破，必须勇于在形式上有所突破。在导演的帮助下，我力图把人物思想活动的每一个细节具体化，不断深入、不断丰富。我在排练场上寻求正确的人物自我感觉。在行走的路上、在睡眠前、在排队买饭的时候、在观摩戏剧电影的时候，脑子里也都装着"麦克白"，抓住每一瞬间的联想和启示，丰富人物的内心活动。我深深感到，不将对人物的分析化成使演员自己激动起来的动力是无法进行人物创作的。此外，我还体会到，不对人物的精神状态做深入细致的揣摩，也就无法寻找到人物准确积极的行动。比如麦克白弑君之后的上场，人物的具体行动是什么呢？直接可以看到的是向夫人报告"弑君完成"，但这样麦克白夫妇在整场戏中就体现不出冲突，麦克白的内心冲突也无法揭示。如果将人物的行动确定为"追悔罪过"，那又把人物内心冲突简单化了。

从剧本、主题思想和人物出发，对麦克白这样一个人物应当紧紧抓住他的内心冲突。这个人物是螺旋式地，否定之否定地向前发展着的，他在"寻巫卜命"之前内心的权势欲和道德敏感始终是在激烈地搏斗着的。当然，搏斗的具体内容随着情节的推进在不断发展变化。麦克白在弑君之前顾忌的是"伤天害理",但当他权衡了得失之后终于下了毒手。而当他一刀刺下去之后内心状态的具体内容是什么呢?分析和感受一下人物在弑君前后的思想活动,结合有关对初次重案犯罪分子犯罪后心理活动的介绍,我感到人物此时犹如"惊弓之鸟",全然失去自制能力。过去,在战场上是正义的精神力量支撑他屡屡转败为胜,赫赫战功是使他踏踏实实生活的精神支柱。而今,他突然感到极度的空虚和惊恐,昔日的安宁、欢乐、高贵全部失去了。而最重要的是失去了精神力量。我想到古往今来一切人的生活都是需要某种精神力量支撑维系的,寻找不到精神力量支撑的人不仅感到空虚、怅惘和苦闷,甚至想到自杀……同时,我又努力从自己直接的生活体验中寻求类似的情感记忆,寻找到能刺激自己的感受。

在此基础上,我确定人物这一场的行动是"寻找精神支柱",得到导演的欣然同意。抓住这个行动,我产生了强烈的、不可遏制的行动欲望。当我处于人物的精神状态中上场后,一见到夫人,顿时感到我比任何时候都需要她,因为过去她是我精神力量中主要部分之一,我现在是多么需要她的爱抚和支持啊!在和同台演员交流中,我不断获得新的刺激,产生新的具体的行动和感受。当我逐渐发现她是那样不理解我时,我突然感到她是那样的陌生,她好像不是我从前的妻子……我绝望了。

在导演的启发下，我不断地产生一些即兴的、较为有机的具体行动。这样使人物之间的冲突在行动中得到了揭示，使人物之间的冲突也在行动中得到了较为具体和深刻的展现，形成麦克白夫妇间关系变化的一个前奏，使"沉沦"的主题揭示得真实和深刻一些。有了这点体会，尝到了甜头，我更将深入细致地揣摩人物精神状态的工作放在首位，在此基础上再去挖掘人物的行动。我感到行动挖掘的深刻、准确与否，取决于对人物的精神状态理解和感受的程度。深刻地感受人物精神状态的能使演员不断获得行动的强烈意念，使行动更为丰满。当然，对人物精神状态的揣摩不是导演和演员的主观臆断，它是依据人物前后行为的发展连贯起来进行分析和感受的。

在心理活动不断充实和对人物不断加深理解的基础上，我感到信念加强了，而且有了一种要把心理活动揭示出来的强烈欲望。在导演的帮助下，一方面产生了一些比较有机的外部行动和调度形式，另一方面又产生了一些与原来根本相反的外部行动。比如麦克白在弑君前的大段独白中有这样一段话："你坚固而结实的大地啊，不要听见我的脚步声响，不要说出我正在走向何方，我怕路上的砖石会泄露了我的行踪，把这黑暗中一派阴森可怕的气氛破坏了……"在粗排中，我曾经把这一段台词的行动处理为对"大地"的"命令"。在进入细排之前的一天夜里,我躺在床上又思索了人物此时此地的精神状态,借着夜深人静的气氛,我努力感受人物当时的心境。当我的心激动地颤动起来之后,我产生了一种新的强烈行动欲望,这个行动不是"命令",而是"乞求":"我(麦克白)心里很清楚,我是在像一个贼似的去干这一件伤天害理、见不得人的勾当;而我又无法摆脱掉自己的欲望。我感到苍天都在凝视我,大地都在颤动,我乞求天地助我……"这时,一种内心的冲动使我在床上由仰卧一下子翻转成趴卧。听着同窗好友的鼾声,凭借这种感觉,我把那段独白在心里默默地叨念,我屏住呼吸,将自己置身于弑君之前的规定情境之中……我为自己获得的感受和相应地表达感受的外部形式——扑倒在大地上而兴奋不已。后来,我将此向分场导演的同学和指导教师做了汇报,得到他们的肯定,重新处理了这一段独白。在以后的排练和演出过程中,每到这段独白我一下子扑倒在台板上时,都能感到人物的内心状态。

我发现我对所扮演的人物已经渐渐地产生了感情,当然,还远远不够。一个演员对自己所扮演的人物不仅要热爱,而且要酷爱,非此不能创造好一个人物。

由内向外,在内心感受不断充实的基础上,将会产生有机的外部动作,而这种外部动作又能帮助演员很快地捕捉到人物的内在感觉。如此一环扣一环地发展，人物才能在舞台上建立起一条连贯不断的、比较有机的行动线。

戏是要演给观众看的，塑造一个完整的人物形象也必须包含社会面貌、心理面貌和外部特征等几个方面。对于《麦克白》这样一个外国古典悲剧，要求外部表现形式有一定的形式感也是必要的。问题在于我在排练初期片面地顾忌形式感，被形式感捆住了手脚。在老师和同学们的帮助下，我调整了创作的"战略方针"。经过一段时间的排练，随着人物内心生活的渐渐丰富，创作信念也加强了。于是，我便有意识地逐步为人物的内心活动寻求准确的外部表现形式。同时，无论在排练场或日常生活里，都穿着代用服装和靴子，使自己能时常处在人物外部形体的自我感觉中。我体会到正确心理行动使我增强了与人物融为一体的信念和探索多种表现形式的勇气。这种由内到外的有机结合，给了我极大的帮助，使我逐步摆脱了一开始的被动状态。同时，较为丰富的内心活动必然使演员感受到一种内在节奏和韵律，它是台词、形体等外部节奏韵律感的基础。

演员是要以自己为创作材料，将人物的内心世界剖析给观众的。这就要求演员的形体、台词和声音具有一定的表现力。但是，不经过对人物内心世界的精细揣摩和在排练场上反复认真感受就急于表现出来的外部形式，只会是一种没有灵魂的躯壳。反之，内心生活的丰富也绝不能代替外部表演形式，没有表演形式的"心里有"不是艺术。因此我想，要能较深刻地揭示出人物的内心冲突，语言行动是很重要的。台词在话剧表演艺术中是很重要的艺术手段，它直接传达人物的心理行动，是不容忽视的。但是，以我在这次排练中的体会，过早地确定台词的逻辑重音和语调的扬抑是不妥的。这样做往往会成为演员进一步感受人物心理活动和规定情境的障碍，使演员将台词固定在一种理性的处理上，破坏和干扰演员不断深入地去感受。演员对人物的行动、潜台词、内心独白的认识是在经过案头分析之后，在排练场上，在规定情境中通过行动及与对手的反复交流适应中，在具体的感受中不断深化的。

  在细排工作告一段落之后，我对人物的台词专门进行了"雕刻"工作。在这个过程中，我感到气息的运用对于增强台词的表现力是十分重要的。我曾经当过几年歌剧演员，我体会同一首歌曲会因为换气点的不同和呼吸深浅强弱的不同而改变成不同的音乐语汇，这对于台词具有同样意义。尤其是莎士比亚富有诗意的台词，它本身就含有一种内在的韵律和乐感。人在生活中的呼吸变化能体现不同的心境和不同的人物关系，而且体现得很微妙。提炼呼吸的变化，有助于更细腻地揭示人物的心理状态。比如麦克白离开款待邓肯王宴会之后的一段独白，揭示了人物内心激烈的斗争。当我感

艺海情怀——好人伴我一生

受到人在极度惶恐时腹部收缩,气息极难下沉的状态后,就在这段独白中利用了这种呼吸变化,以帮助传达我的内心感受。又比如麦克白最后一段著名的独白:"明天,明天,再一个明天……"如果将三个"明天"连接起来说,只能起到一个历数天数的作用,很难传达什么丰富的情感。而在前两个"明天"之后用一个深呼吸,然后再说出"再一个明天",就有助于揭示人物对于未来一切的不可知和厌倦的复杂心理。再比如,这段独白后面的一句"熄灭了吧,熄灭了吧,短促的烛光……",当说完第一个"熄灭了吧"之后,一个深吸气,然后慢慢有控制又有细微变化地边呼气边说出第二个"熄灭了吧",就帮助我揭示了人物要吐出那深深压抑在心底的痛苦而又吐不出来的复杂心理。

此外,为了增强表现力,我还力图吸收我国戏曲将唱腔道白与手眼身法步和谐地统一于一体的表现方法。依据这个戏体裁风格的需要,在表演上尽可能适度放大。这些,都是自己的一点肤浅体会,老一辈的表演艺术家和许多有成就的同行都早已在这方面做出优异成绩。当然,要转化在自己的身上还需要在创作实践中下苦功去进行探索。

不进则退

一个剧目的上演,的确是创作上一个新的起点。它不

附：人物创作笔记三篇

像电影和绘画等其他艺术形式在创作上是一次完成，舞台戏剧的创作是没有终结的。我体会演员与人物之间正如一对恋人，演出只是他们之间的初步结合，如果不再继续加深理解，将导致貌合神离、同床异梦，演出就成了演员创作的坟墓。

当《麦克白》公演几场之后，我就开始感到在场上体力不支和一种不舒畅，演出后内心总有一种无名的懊恼。这时，一种责任感迫使自己进行思考，除了客观上的原因之外，我感到最主要的是自己在演出中缺乏不断创作的精神。上了台以后，总是想寻找和捕捉彼时彼地的某些感觉，而不是去全力以赴地感受此时此地所发生的事情。认清这一点之后，我便努力在舞台上将整个身心献给人物，认真对待每一个舞台事实和事件，不断积累自己的内心感受。在这个过程中，我发现每天都能获得新的感受，得到新的刺激，做出新的反应。虽说依旧是汗流浃背，体力却充沛多了。在"大宴群臣"一场戏中，当群臣和他们的夫人纷纷离去之后，我有这样一段台词："流血是免不了的了，人家说，血仇只有用血来解。有人看见石块会转动，树木会开口说话，在鸦雀的叫声里都泄露过阴谋作乱的人。夜过去多少了？"在过去的排练和演出中，我一直把这段台词作为对自己前边变态行为的比较单一的辩解。但在有一天的演出中，当扮演麦克白夫人的朱静兰同志揪住我的衣服时,我发现她眼中闪着懊恼的泪花,这一下刺激我产生另一种感受:"呵,这能完全怨我吗?!你毕竟是妇人呵,这仅仅是开始,并不是终结……"按这一思想变化,我改变了后面的一系列行动,我感到我再说"明天一早我要趁早去找那三个女巫……"的台词时,内心有了比原来更充实和具体的感受。而且,在下场时,我一反平日哀怜地搀扶夫人下去的做法,用极富内涵的力量将她抓着桌布的一只手掰开,毫无感情地将她扶下场。我这时的内心独白成为:"快走吧,我的自以为是的夫人,更痛苦的折磨还在后面呢……"这样,不仅使原来不大具体的思想活动具体化了,而且综观人物前后的思想变化,比较符合麦克白此时此地的内心状态。同时,也为后面麦克白夫妇关系的变化和麦克白听到夫人病死的漠然态度铺设了一级具体的阶梯。

一个人物的创造是永无止境的,在演出过程中应当不断地丰富、不断地深化、不断地调整。有了这种切身体会之后,我便在演出中不断地探索新的认识、新的感受和新的体现形式,进一步创作的欲望增强了。虽说每天演到战死跳下悬崖之后满身大汗,两手冰凉,筋疲力尽,内心却感到了比较充实的创作愉快。

在排演过程中,我的身上不知凝聚了集体的多少心血。

附：人物创作笔记三篇

没有集体的力量和智慧，没有学院各级党组织的关怀、老师和同学们的教导和援助，以我个人的能力要完成这样一个人物形象的塑造，是根本不可能的！我在思想上的收获远远超出了专业的收获，这将是永远鞭策、激励我学习、前进的动力。

艺海情怀——好人伴我一生

我演曹操[1]

当年,我考入中央戏剧学院学习的第一天,我的老师徐晓钟先生在课堂上说了一句话:"你们选择了一门呕心沥血的职业……"今天在经历了电视剧《三国演义》三年多的艰苦创作历程之后,我更深层次地体会到了这句话的含义。

"暗淡了刀光剑影,远去了鼓角争鸣……"回味这荡气回肠的歌声,三载艰辛创作的一幕幕,又浮现在眼前……承蒙《古典文学知识》编辑的盛邀,要我谈谈演曹操的体会,今不惮浅陋择要记下一些感受,就教大家。有些想法和提法可能从学术角度来看是幼稚的,但大多是我创作过程中的真实心态,这就叫作"真人面前不说假"。

---

[1] 发表于江苏古籍出版社出版的《古典文学知识》1995年第四期。

附：人物创作笔记三篇

一、人民群众心目中的曹操究竟何许模样

承蒙《三国演义》创作领导小组的信赖，我荣幸地承担了扮演曹操的重任之后，在许多场合听到的最多的殷殷期望就是——"你要创作出一个人民群众心中的曹操"。呵，我茫然了，中国有十几亿人，他们心目中的那个曹操都是什么样子的呢？要解决好这个问题难度肯定很大，但我不能退却呀，人民的意愿不能违背，否则失败是注定的。当初接受任务之后我给自己定下的目标就是"上要对得起老祖宗这部经典之作，下要不负广大观众的期望"。于是我逢人便问，开始了笨拙的民意调查：您心中的曹操是个什么样的人呢？

在我调查了几百人次之后，我愕然了。回答是多种多样的，因年龄、学历、阶层和社会背景的不同而各异。他们之间往往对曹操在同一事件中的同一行动看法截然不同：你认为是英明决策，我认为是阴谋诡计；你认为是任人唯贤，我认为是政治权术。大家各抒己见，侃侃而谈。翻阅资料和大量评论文章，也发现各有所异。

在无形的压力之下，经历了多少个不眠之夜，有一天我突然感到豁然开朗了。正是那几百人次对我的侃侃而谈和大量学者专家的论述，给了我无比丰厚的营养，让我从那么多的方面窥到了曹操的内心世界和他的方方面面。

在这个过程中，总导演王扶林先生的艺术阐述印发了，"忠于原著"是我们此次创作的原则，这也是毋庸置疑的。由此我也进一步认识到了一个问题，在我国民众中，相当一部分人不是从《三国演义》这部书里，而是从《三国志》、民间口头文学、戏剧舞台，以及教科书里认识曹操这一人物的，他们都带着各自的印记，有白脸奸臣式的曹操，有郭沫若话剧中的曹操，以及新编历史剧中的曹操，等等。可以说，我们肩负着将一个忠于原著的，既被人熟知而又在视觉表演艺术中还未出现过的新的曹操人物形象献给观众的重任。

二、戏曲艺术与电视剧中两个曹操的不同

为什么要作这样的比较，事出有因。一方面，有相当一部分人是从戏曲中熟知那个"白脸奸臣"的，故而形成对这个人物形象的一种审美定式，我及一些同行的潜意识里同样有这种影响。另一方面，我也听到过这样的告诫：戏曲舞台上的那个白脸曹操是最符合原著小说精神的。为此，我也曾困惑过。我们的总导演在阐述中一再强调忠于原著小说，那么，如何把握曹操这个人物才算是忠于了原著呢？思来想去，我考虑首先要解决好对两个问题的认识：一是戏曲与电视剧两种表演艺术本质上是不同的，二是如

附：人物创作笔记三篇

何遵循影视表演的科学规律。

戏曲（尤其是京剧）表演与影视表演从美学范畴来讲，是两种不同的艺术门类，演剧观念不同。戏曲是写意的艺术，具有程式化、脸谱化、类型化的鲜明特征。它允许对人物的夸张、变形，乃至究其一点不及其余的强烈的创作个性。而影视表演基本是写实的艺术，它要求严格依据生活的真实去创造艺术的真实。虽然也允许适度的夸张，但从审美习惯来讲，所给予它的尺度是非常有限的，人物形象的塑造必须是立体的，必须具有现实主义的说服力。

戏曲中的"白脸曹操"是戏曲艺术的编演者们，在改编"三国"的故事中融入了自己的美学理想与鲜明爱憎，并以自己所特有的艺术观念和艺术手段创造出来的。而电视剧《三国演义》的编导们，在忠于原著的前提下，同样对曹操这一人物融入了自己的美学理想，并以自己所特有的艺术观念及艺术手段雕琢着他，这当然是科学可行的。特别应当注意的是我们所拍摄的是一部艺术片，而不是商业片。

作为影视演员，在表演中要受多重制约：剧本、导演、镜头。而改编剧目又多了一层原著的制约，我应当自觉地接受这些制约。电视剧《三国演义》的整个创作集体有着一个共同的目标，那就是真实生动地深刻鲜明地再现罗贯中笔下所描绘的一幅幅画卷，而其中众多人物形象的塑造又是成败关键之所在。表演艺术同样是一门科学，科学的东西来不得半点虚假。我深知自己所肩负的重任,摒除一切私心杂念,不迎合,不取巧,不走捷径,更不抄袭,拿出一副要啃硬骨头的架势,琢磨和塑造曹操这个人物。

影视表演中人物性格的刻画不能靠"自报家门",它必须以现实主义的创作方法,牢牢地抓住人物的行动。人物在不同规定情境中的行动抓准确了,人物的多面性及性格特征就会逐渐显现出来。当然,其中包含着创作者的情感倾向。

在影视与戏曲艺术相互学习和借鉴的问题上,我特别注意的是自己对戏曲表演要学其源而不能学其流,绝不能把人物演成一个"架子花"。我想,重要的是努力追求我们民族传统中的那种"语不惊人死不休""删繁就简三秋树,领异标新二月花"的美学追求,在人物的塑造中传达出我们民族所特有的神韵。

三、人物的总体把握

记得,在蔡晓晴导演筹拍前六集的时候,有一天,一位随王扶林导演来看望我们的老学者见我忧心忡忡的样子,悄悄地送了我一句话:"只要能把曹操的基本人物气质演出来,其他方面有些失误没关系。"呵,多么精辟的一句话呀!三年来,它始终在我耳旁回响。这句话乍一听使你感受到一种

附：人物创作笔记三篇

长者宽宏的温暖，细琢磨这个题目出得绝不轻松。仔细想来它是在提纲挈领，将我从一片"忠"啊、"奸"啊、"雄"啊的乱麻中拎了出来，使我得以俯瞰人物，清醒了很多。

《三国演义》中曹操这个人物太复杂了，因此仁者见仁，智者见智也就很正常。问题的关键是必须鲜明准确地抓住大多数人对这个人物所具有的"共识"，也就是这个人物最基本的面貌、性格特征，并使它尽快地在我身上滋生起来，在拍摄现场达到随心所欲的地步，未来的荧幕形象才有可能得到承认。譬如，《三国演义》中曹操是一位军事家、政治家，也是一位多才多艺的诗人，这是谁都不会反对的，这种大家风范必须活在演员身上。曹操那种浪漫不拘一格的情怀、豪放的气度、诙谐的品格，以及多想、多疑、多变和诡诈的个性也要贯穿始终，这些，构成了曹操这个人物一种特有的神秘莫测之感。绝不能低层次、低格调和一般化地展现其"奸"，那样是注定要失败的。

抓住了人物的基本风貌和性格特征，寻找到人物行为的内在逻辑和行动的动因，就便于在行动中去刻画人物了。根据总导演和其他导演的阐述，我确定曹操在全剧中的贯穿行动是——不择手段地完成统一大业。

接下来，人物总体的发展脉络要做到心中有数。我特别注意到小说中对曹操少年时代的一段描绘，那是人物性格发展的萌芽阶段，是其以后性格发展的基因。"曹阿瞒"

的影子如同胎记一般，无论他官至何位，永远地印在他的身上，这种印记在"许田围猎""土山约三事""官渡之战"，"赤壁大战""败走华容道"，甚至晚年许多事件的行动中都闪现着。那种孩童般的狡黠和争斗，极具特色。与此同时，我更注意到人物年龄与性格的发展变化，通过一系列的重大事件，使人物性格增加厚重感，愈加色彩斑斓。

在前几集戏中，人物锋芒毕露，坦荡自负。直至"捉放曹"，人物性格在重大事件中发生了质变，由此他发出来了一声撼人心魂的呐喊："宁教我负天下人，休教天下人负我。"

十八路诸侯的解体，使曹操对自己有了进一步的认识，对自己的力量和智慧充满信心。同时也强化了以"我"为核心的信念，要独创天下。此后，曹操奉旨破"黄巾"，被朝廷封为镇东将军，所率大军号称"青州兵"，威名日重。这期间他招贤若渴，网罗了一批文臣武将，威震山东，野心亦开始萌发。

正在此时，曹操父亲被杀，曹操一方面要报仇雪恨，另一方面则充分利用了这一偶然因素，大兴"正义"讨伐之师，去夺取本不好夺取的东西，充分地借题发挥。曹操为父报仇，有真情，亦有假意。曹操是个很会演戏的人，幼年即如此。在为父报仇中，适度地夸大了自己的悲愤之情，拒绝一切人的调解。他知道非陶谦所为后仍不退兵，直至吕布攻破兖州，才以卖人情而撤退。曹操后来说了一句话："纵然不为先君报仇，徐州也是势在必得。"何其妙也！

曹操为未能攻占徐州而耿耿于怀，但当他意识到"保驾勤王"的意义之后，什么"为父报仇"啊，统统舍弃了。荀彧的进谏，使曹操抓住了一个重大历史机遇，命运陡转，瞬间成了皇帝的保护神，进而取得了挟天子以令诸侯的有利地位。"三让徐州"前后的戏，要将曹操心态的变化，表面的反复无常与内心的清清楚楚微妙地融合在一起。作为演员的我，也要像曹操那样，充分抓住刻画人物的"机遇"，使人物性格在这一阶段的运动中发展起来。要注意的是人物性格的多层面与多侧面的刻画绝不能是割裂式的，要浑然一体，打"立体战争"。

曹操一生中最为敬重的是关羽，也只有在面对关云长时才能展现出曹操人格中的另一侧面。曹操对关羽的赏识起源于"温酒斩华雄"，他深切地认识到关羽的价值。在以后的交往中对关羽的容忍是超常的。曹操不惜血本，不惜放下尊严，以至对关羽百依百顺，且都发自内心，其中一种强烈的占有欲在起主导作用。

"官渡之战"中最最重要的是"许攸来投"一场戏。这场戏剧本写得很精彩，生动活泼，诙谐有趣，将曹操的那种不拘一格、随意狡诈的性格刻画得淋漓尽致。曹操充分意识到许攸来投的价值，给予了许攸别开生面的接待，最终采纳了许攸"火烧乌巢"的计谋,导致袁绍最终的失败。

这是官渡大战的主要转折点,也是人物性格发展的又一个转折点。使得以后曹操指挥若定,挥洒自如,谋略的灵感一发而不可收,几近智慧的巅峰。同时,其意得志满、目空一切的情绪也在滋生。要把握住人物微妙的变化,直至曹操在赤壁之战中的大败。

赤壁之战的失败从某种角度来看可以说是曹操的性格"悲剧"。曹操性格中所有的弱点在赤壁大战前后展现得淋漓尽致:傲慢、多疑、狂妄,自以为是,等等。这就导致曹操对一系列重大抉择的判断失误,以致有些失误几近愚蠢。其特点又大多是对自己开始的正确判断予以错误的否定。如果不努力把握性格发展变化的合理逻辑,表面化地处理曹操的一系列错误,就难以令人置信。

"三足鼎立"阶段,尤其是"抹书间韩遂"大败马超之后,皇上"诏操赞拜不名,入朝不趋,剑履上殿",曹操傲、霸、多疑的个性膨胀。同时也愈加高深莫测,令人难以捉摸。在这一阶段中,我感受到曹操性格的多疑导致他内心状态的恶性循环——对属下的不信任,以至对自己的怀疑。时而自负,时而又感到一种生命的危机、对往事追忆的恐惧,等等,增强了其性格中的乖戾。对这种性格发展和内心状态要细细品味,获得独特的体验,寻求细节的展现。只有如此才能将这一阶段重要的三集戏——"立嗣之争""巧取汉中""曹操之死"演好。

《三国演义》摄制组的创作体制是数位分集导演同时拍摄，演员如果不预先将人物每个重要关头的戏理顺，做到心中有数，那就只能一般化地应付了。即使做了大量准备，也往往由于长期疲劳作战，在拍摄现场感到心有余而力不足。这时唯一能激起创作兴奋点的就是根据对人物大的发展脉络的把握，在拍摄现场不懈地去寻求新的刺激，获得新的体验，以激发起创作的欲望。

关于人物的把握，我还特别提醒自己，曹操在全剧中有不少重场戏，戏虽重却不能"重"演。像"煮酒论英雄"，你来我去，电闪雷鸣，惊心动魄，是一场灵魂深处的交锋，但却是以曹操的随意，漫不经心的谈笑风生形成对刘备心理上的压力。这样的戏绝不能抽演。类似的戏很多，随意——是曹操人物性格中的一大特色，也应该是演员表演中的一大特色。

再如对董承为首的反叛集团的剪除过程，固然要一丝丝、一扣扣、一点一滴地将心头之恨发泄出来，但要演得多变，淋漓尽致，恰如其分，更重要的是要随心所欲，如玩掌中之物，不必大动干戈。尽力避免动作的情绪化和"戏剧"化的表演。

曹操在情感的体现上往往真真假假，时真时假，或真假结合。但该真挚的就要真挚，该动情时亦要动情，如对典韦，对陈宫，对郭嘉，对关羽，等等。

曹操的"笑"在各种评论中是总被提及的。他的笑包含了他性格中的多种因素。年轻时的笑，大多体现着不拘礼节、自负、无所顾忌以及强烈进取的个性；中年时期的笑则充分展现着意得志满、乐观高傲的情怀；晚年的笑则更多的是一种高深莫测和诡诈。因此，表演时要"笑"得不一般化，笑出人物的性格，绝不可滥笑。

记得当我接受了重读《三国演义》的任务之后，曹操这个人物给予了我心灵上一种强烈的震撼。当时，我心里非常清楚，在未来的创作中，我必须调动自己的所有力量，将这种震撼传达给观众，使观众在得到一种审美的满足之后去思考去判断。要达到这样的目的绝不是靠雕虫小技所能奏效的，它首先需要"呕心沥血"。坦诚地说，我是尽了力了，但一个人的能力有大小。遗憾和不足，只有磨砺待来日了。

最后我想要说的是，曹操这个人物太复杂、太深奥、太丰富多彩了。在我的创作过程中，几乎每天对他都有新的发现，令我激动，令我惊喜。我想努力潜入他的心灵中去，以我对小说和剧本的认识、对人生的体验，去琢磨他到底在想什么。我发现我对他的认识真是没有止境的。随着时代的变迁和社会的发展，我国古典文学人物画廊中这一光彩人物，还将放出异彩。

附：人物创作笔记三篇

  电视剧《三国演义》中的曹操是由我来扮演的，必然带有我的局限性。在我们这行里有一句俗话，叫作"十个演员演哈姆雷特就会演出十个样儿来"。三年来，我穿着曹操的战袍，骑着曹操的战马，粘着曹操的胡须，努力按照曹操的行为逻辑去行动着，但真正跳动着的心脏和流动着的血液还是我鲍国安的。三年来，就是这样，我与曹操，他中有我，我中有他，难分难解，甘苦与共。

  如今，一切都结束了，我将告别那位既熟悉又陌生的曹丞相，回归到我平民的位置上去，还真有点儿不习惯了。

艺海情怀——好人伴我一生

面对林则徐[1]

数月前,谢晋导演要我在电影《鸦片战争》中扮演林则徐,不少朋友反对我出演这个钦差,也有朋友持完全相反的意见。我则宽慰自己,反正还未见到剧本,先不忙决定演与不演,于是,闲时遂信手翻几页林则徐传记以及有关史料,并随手记下一些零星的理解和感受。

有一天,一位刘姓朋友赠我一副林则徐的集古联:"海纳百川,有容乃大。壁立千仞,无欲则刚。"我猛地回想起最初得到饰演林则徐的合作邀请时,随之而来的不是冲动和喜悦,而是一种矛盾和忧虑,那心境竟与林则徐初接圣旨时的那种"危机四伏"的感觉差不多。

此后,谢导安排我到林则徐的家乡福州考察。在林则徐墓地前冥思,在林公高大的塑像下瞻仰,与林氏的后人促膝交谈。林公的玄孙女林子东女士赠我两句话:"以林则

---

[1] 发表于1997年《民生报》(电影《鸦片战争》在中国台湾展映前夕)。

徐的精神演好林则徐，我相信您一定能做到。"我渐渐地明白，对我来说，扮演林则徐其实是又一次搏杀的开始，只是这次搏杀不是去战胜别人，而是战胜自我，超越自我。像林则徐那样，义无反顾地踏上《鸦片战争》之路。

"苟利国家生死以，岂因祸福避趋之。"这是当年林则徐的诗句。林则徐的政治信念和为官宗旨基于他的民本思想，主要源自家庭的教育及几位老师的影响。步入仕途，他奔波忙碌，调动频繁，虽说不断升迁，但社会现实与他个人品格之间的强烈矛盾冲突，始终在折磨他，使他内心的苦恼和彷徨也在不断加剧。据此，我的基础任务之一，就是努力剖析和感受人物在特定历史背景下的那种深深的无奈及其必然的局限性。力避表面化、概念化地表现一种苍白的英雄主义，切忌"神采飞扬"。

林则徐身上始终燃烧着忘我的、对中华民族的责任感，无论是官居高位，还是贬谪边疆，他都尽力做些有益的事。那种兢兢业业、死而后已、疾恶如仇、爱憎分明的高尚情操，至今仍不失为楷模。据此，我的基础任务之二，就是把握人物在事件进程和矛盾冲突中，与不同人等交往，充分挖掘并展示人物思想、行为和性格的发展脉络，真实、内在地丰富人物的内心世界及其性格侧面，力戒任何装腔作势。

就这样，我渐渐由里向外地接通了林则徐的血脉，渐

艺海情怀——好人伴我一生

渐触摸到他一身正气的由来及其源头。鸦片战争时林则徐五十四岁,他的整体形象应为中等身材、微胖、蓄须,他的精神风貌应是一种儒雅的文化状态,充满人格魅力……这是一个我有所感觉、有所体验的林则徐。

(本文对原文做了删减)

致谢

我要在此向促成拙作出版并予以精心制作的武汉市弦动力信息技术有限公司（树上微）及雷顺主任表示衷心的谢意！